U0014596

THE STRATEGY OF INDIVIDUAL INVESTORS

散戶啟示錄

財務長的全方位投資分析術

獵豹財務長 郭恭克 著

Content 目錄

第二篇 **標的選擇與操作篇**

Content 目錄

第三篇 **趨勢分析篇**

自序

　　在本書即將定稿付梓之際，正是全球金融市場走過2008年全球金融海嘯，在各國政府及央行齊力挽救經濟大放利多後的第三個年頭。主要股市之中的美國股市自最低點回升大約一倍，德國股市也超過一倍，英國股市上漲70%，台灣股市上漲更達約120%，漲幅較小的中國股市也接近65%，日本股市則因受地震影響漲幅最小，但亦自最低點回升44%。

　　全球主要股市早已走出金融海嘯的衝擊，但經過各國政府大力採取擴張性的財政政策，及極度寬鬆的貨幣政策之後，主要經濟體所面臨的經濟難題，卻益顯複雜，猶如越理越亂的一團棉球，最後會成為凶散的綿絮或是織成美麗的彩衣，相信是很多人想知道的答案，尤其是金融市場的投資者。

　　對筆者而言，猜測最終的答案不是我的專長，亦非我的能力所及。但總體經濟景氣循環處在何種階段、市場處於何種相對位置、個別標的物價格的相對風險，卻是吾等可透過努力收集經濟金融資訊、個別標的物基本資料，經嚴謹的前因後果邏輯性分析後，指引我們做出理性的投資決策。長期投資贏家未必非要如特技表演者，為贏取觀眾掌聲，每次都冒生命危險試圖做出奇蹟性的驚險演出；構築理性的邏輯思維，是穩步推砌利潤高牆的必經過程，股票、債券，甚至其他金融資產及有價證券的投資，都具

有同樣的道理。

2011年已是筆者離開職場，正式脫離大型法人投資思維的第六個年頭，讓我更虛心地面對在不同市場階段的投資盈虧，並內化為更深沉的投資哲學與生活態度。

本書將投資思考的基本兩大面向，即由下而上（Bottom-Up）的投資標的評估、由上而下（Top-Down）的宏觀方向思考，分別放在本書的第二篇及第三篇，透過文章的時空倒序，讓讀者與筆者一同進入投資思考邏輯性的驗證與檢討。人不是神，因此，沒人有辦法準確預測市場的短期變動與絕對高低點在何處，但是，趨勢潛在的轉折風險及機會、標的物價格的相對合理性及體質良窳，則可以理性分析與判斷。我願意透過本書與您分享我的方法與心得。

本書將投資思考與分析的基本觀念放在第一篇，旨在點出財務分析工具應用上，應具備的基本認知，釐清一些長期似是而非的投資觀念，幫助讀者的思考方向遠離旁門走道、回歸正確的投資思考路徑。正確的投資觀念並非神祕如玄學般晦暗難明，亦非高深如崇山險谷，而是極簡至明之道，取決者完全在入門之始，所建構的投資觀念正確與否。透過本書首篇，筆者與大家分享一些長期觀察市場應優先建立的投資觀念與分析技能。

本書得以出版除應感謝商周出版美靜小姐及伯儒兄的辛勤協助外，對校稿的兩位助理亦表達感謝之意。希望透過本書的出版，可以讓個人無論從學理或市場上所得到的投資啟示與大家分享。分享始終來自無私！謝謝大家。

第一篇

基本觀念篇

1

閱讀財務報表的應注意事項

投資人在審視財報時，除了關心公司每股獲利水準外，必須要特別注意的地方：

1. 本業的營業利益是否與營收同步成長？毛利率及純益率變動趨勢如何？（獲利性是否減弱）

2. 是否有非常態性營業外收支干擾損益表的客觀性？（是否有一次性收支而致使本益比股票評價模式失效）

3. 稅後純益總額是否與來自營運活現金流量產生明顯落差？（盈餘品質可能因應收帳款、存貨、非現金投資收益增加而轉差，隱藏公司創造現金流量轉弱的事實）

4. 子母公司合併報表之負債比率與母公司是否有很大差異？（由子公司借錢規避企業體高額負債的事實）

5. 備供出售的金融資產帳面值與市價是否有明顯落差？（隱藏公司對金融資產的投資損失）

6. 除了看三大財務報表及子母公司合併報表外，投資人更應練習從公開資訊觀測站，取得會計師財務報告書，並對照財報的附註內容，以深入了解財報細節及內涵。

經濟景氣收縮期，市場股價指數難有亮麗表現。但對體質良好，獲利禁得起考驗的公司而言，公司價值不會因股價被錯殺而消失，反而會因質優而顯出其股價的吸引力。

2

利用現金流量表判斷公司狀況

　　現金流量表共含有公司經營的三大活動區塊，第一，來自營運活動現金流量。第二，來自投資活動現金流量。第三，來自理財（又稱融資）活動現金流量。

　　當投資人拿到上市櫃公司損益表後，應立刻以該公司稅後純益數字與現金流量表中的「來自營運活動現金流量」總合數字做比較。若會計報表上的稅後純益明顯高於來自營運活動現金流量的總合，通常代表公司在會計假設「應計基礎」原則下，公司雖獲利，但實際上卻沒有太多現金流入公司；此種情形，最常見的便是應收帳款及存貨大量增加，或是存在高額權益法投資收益（沒有現金股利收入），都是公司盈餘品質發生問題的重要警訊。

　　當公司的損益數字與現金流量表對照比較，發現上述情況時，在沒有釐清應收帳款、存貨或權益法投資大量增加存在正面且合理的原因之前，投資人對這類公司的股票投資，都應暫時以保守心態看待，寧可不要買，千萬不要輕易躁進。

3

透過損益報表分析獲利變化

首先，投資人在做財務分析之前，一定要先建立一個觀念，對股票市場外部投資人（即非公司經營者或大股東等內部人）而言，財務數字比率的趨勢分析，其重要性遠大於絕對數的高低。

在看損益表之時，除營業收入趨勢分析外，有幾個重要的財務比率必須先了解：

A. 毛利率：毛利率是以公司營業毛利除以營業收入淨額所得出的獲利率高低指標，它是尚未扣除公司管銷費用前的營業毛利。毛利率越高的公司，代表其產品獲利能力越強。

營業毛利＝營業收入淨額－營業成本
毛利率＝營業毛利／營業收入淨額

毛利率的高低至少有兩種意義。首先，它代表公司產品於市場中的訂價能力或競爭力。其次，它也隱含公司在生產過程中，對原物料的議價能力，及產品的生產效率優劣。當公司產品的毛利率出現提升的趨勢時，可能是產品的市場需求轉強、公司新產品開發有成並成功導入市場、生產成本降低及效率提升等等因素。毛利率出現上揚趨勢的公司，也隱含其盈餘極可能隨之提

高，對股價將有正面助益。與營業收入的分析要領一樣，毛利率的趨勢分析，其重要性重於絕對數高低的分析。

　　B. 營業利益率：從營業毛利中，扣掉企業從事營業活動所產生的營業費用，含產品的推銷費用、公司內部管理費用、機器廠房等固定資產的折舊費用、新商品的研究發展費用等等，得出因本業營業所獲得的淨額，便是營業利益，代表公司從生產到管理銷售各階段中，因本業經營的實際獲利。營業利益除以營業收入淨額，即得到營業利益率。

營業利益＝營業毛利－營業費用
營業利益率＝營業淨利／營業收入淨額

　　毛利率只考慮與產品直接相關的生產因素，營業利益率則將與本業相關的內部管理及銷售費用，均包括進來，營業利益率的高低，才是真正代表公司因經營本業所能創造出的獲利性高低。在同業間，毛利率高的公司不見得就一定有較高的營業利益率，因為，當公司內部管理失策、資源浪費、人員薪資浮濫……等等因素，均有可能使公司營業利益率變成低於同業水準。除非是產業特性（如零售通路），否則，持續下滑且過低的營業利益率，如果不是產業已處於高度競爭的成熟型產業，就可能代表公司的整體競爭力已明顯降低，對股價將造成嚴重的殺傷力。

　　C. 純益率：營業利益加入非因本業營運所產生的利得（如利息收入、投資收益、股利收入、處分各項資產利得、資產減損

回沖……等等），並扣掉非因本業產生的損失或費用（如利息費用、投資損失、處分投資損失、處分固定資產損失、存貨跌價及呆滯損失……等等），所得出的淨額，便是稅前淨利。稅前淨利扣除營利事業所得稅後，就成為稅後淨利。稅後淨利除以營業收入淨額，便成為純益率，也稱為邊際利潤率。純益率越高，代表公司的稅後盈餘越高，盈餘的來源則可能是本業獲利，也可能是營業外收入所貢獻而來。

稅後淨利＝營業利益＋營業外收入－營業外支出－營所稅

純益率＝稅後淨利／營業收入淨額

純益率已把不屬於公司本業營運所產生的利得或費用及損失，全部包括進來，其代表公司營運過程，所有可能產生收入或支出的項目（請記得是以「應計基礎」計算，不是現金收支基礎）均可能造成公司純益的變化，甚至可能因金額龐大，成為決定公司會計年度盈虧的主要因素，這其中又以營業外收支，在股票投資的財務分析上，扮演的角色最為吃重。但如前述，營業外收支並非其本業的營利所得，在公司永續經營、股東長期投資考量下，高營業外收入或支出，是否可成為股票價值評價的內含因素，恐怕不無疑問。

投資人在閱讀公司損益表時，若能掌握上述三個比率，並牢記「財務數字比率的趨勢分析重要性遠大於絕對數的高低」的原則，就已經掌握大部份損益表分析應注意的重點。

從實例看如何透過損益表分析獲利

　　首先，投資人可以自公開資訊觀測站或其他財經網站找到上市櫃公司損益表，以下是上市公司雁博（4106）經簡單整理過的的損益分析表：

雁博（4106）九十五年至九十七年共八季獲利指標、營業外收支穩定度、每股盈餘變化								
獲利指標								
期別	97.1Q	96.4Q	96.3Q	96.2Q	96.1Q	95.4Q	95.3Q	95.2Q
毛利率	34.18%	36.27%	30.00%	28.57%	25.67%	29.04%	28.14%	26.97%
營業利益率	13.61%	16.53%	10.59%	8.45%	3.45%	7.59%	5.76%	3.95%
純益率	9.18%	16.00%	12.06%	11.37%	5.36%	5.28%	6.78%	2.63%
營業外收支穩定度								
期別	97.1Q	96.4Q	96.3Q	96.2Q	96.1Q	95.4Q	95.3Q	95.2Q
營業外收入佔稅前盈餘比率（%）	18.75%	11.94%	22.73%	32.50%	53.33%	0.00%	60.00%	55.56%
營業外支出佔稅前盈餘比率（%）	−53.13%	−4.48%	−4.55%	−5.00%	−20.00%	−21.05%	−45.00%	−88.89%
營業外收支佔稅前盈餘比率（%）	−34.38%	7.46%	18.18%	27.50%	33.33%	−21.05%	15.00%	−33.33%
每股盈餘變化								
期別	97.1Q	96.4Q	96.3Q	96.2Q	96.1Q	95.4Q	95.3Q	95.2Q
每股營業收入（右；元）	4.80	5.70	5.17	5.21	3.97	4.60	4.48	4.62
每股營業利益（右；元）	0.65	0.94	0.55	0.44	0.14	0.35	0.26	0.18
每股稅後盈餘（左；元）	0.43	0.91	0.62	0.59	0.21	0.24	0.3	0.13
原始資料來源：合庫金融網								

　　由上表可知，該公司的毛利率於最近三季升高至30%以上，本業的營業利益率也明顯改善，但純益率於2008年第一季卻明顯下滑，可見其營業外收支可能有新的變化。經查其營業外支出明細，就可發現該公司2008年第一季，出現0.15億的匯兌損失，使其純益率因業外支出而壓低，其實本業獲利性並未明顯轉差。

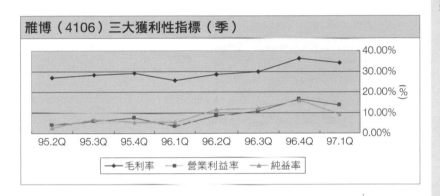

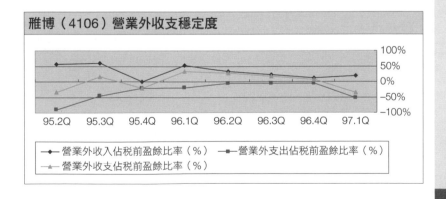

對照其每股盈餘變化，該公司2008年第一季每股營業利益（本業獲利）達0.65元，僅次於2007年第四季，但每股稅後盈餘卻僅0.43元，主要為營業外支出造成，並非其本業表現不佳。

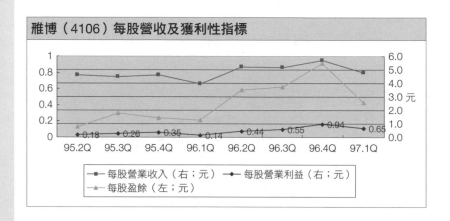

透過三大獲利指標的趨勢分析，投資人可以很輕鬆地從網路資源，深入了解公司獲利趨勢，及造成其產生變化的原因，才不會因特殊因素的影響而誤判公司營運的實際狀況。

5

由上市櫃公司營收變化判斷營運趨勢

在我國，企業的本業營業收入透過每月營業收入的公告（公開資訊觀測站或相關商業網站皆可查詢而得），投資人可以很容易地將自己投資或有興趣公司的營業收入，加以建立檔案以利持續追蹤分析。

上市櫃公司每月10日之前會將前月營業收入資料公佈在公開資訊觀測站，並於每季將當季營業收入編入當季損益表之最上方。在介紹損益表分析之前，擬先說明如何透過上市櫃公司每月營業收入變動，來分析上市櫃公司本業營運變化，及如何透過本業營運動能分析，以做為投資決策之參考。

營業收入變動趨勢對股票價格影響的分析重點有下面幾點：

1. 營收變動趨勢重於短期營收的絕對數高低。
2. 累積營收年增率對於股價的敏感度大於單月營收年增率。
3. 長、短期平均線的融合分析可幫助了解景氣的整體榮枯。

一般媒體總是喜歡報導，某某公司營收創新高或成長多少又多少，但卻鮮少告訴我們公司的營收趨勢如何。為什麼要探討營收趨勢呢？因為趨勢是一段時間的統計軌跡，但短期營收的變化

卻極可能因少數客戶下單量劇烈波動、或特殊季節因素,而使單月營收出現變化。因此,追蹤觀察公司的營收變化,必須掌握營收變動趨勢重於短期營收的絕對數高低的重要原則。在市場實證上,單月營收或許可造成極短期的價格波動,但若無法扭轉早以形成的長期營收變動趨勢,就可能緊接著出現更大幅度、反方向的股價波動,修正原來極短期的價格波動。

　　以下以伍豐(8076)為例進行說明:

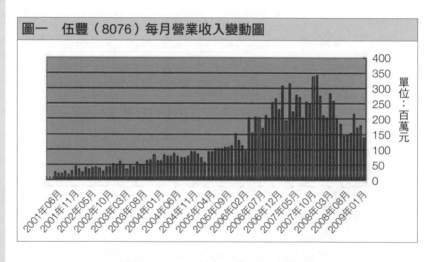

圖一　伍豐(8076)每月營業收入變動圖

　　由上圖可以看到,該公司營業收入在2007年10月及11月連續兩個月創下單月新高,一般投資人看到連續兩個月營收創新高的公司經由媒體資訊報導,通常會激起高度的買進慾望。那就讓我們來看看伍豐(8076)的還原權值週K線圖如何?(見下頁圖)

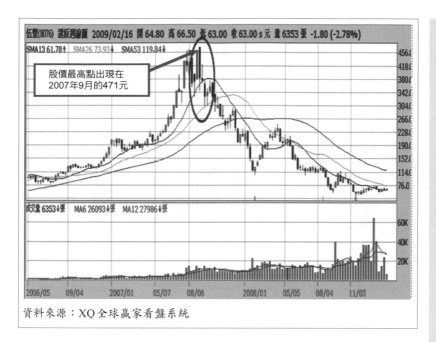

股價最高點出現在
2007年9月的471元

伍豐(8076) 還原週線圖 2009/02/16 開 64.80 高 66.50 低 63.00 收 63.00 s 元 量 6353 跌 -1.80 (-2.78%)

SMA13 61.78↑ SMA26 73.93↓ SMA53 119.84↓

成交量 6353↓張   MA6 26093↓張   MA12 27986↓張

資料來源：XQ全球贏家看盤系統

投資人如果在看到營收創新高公佈時，無論是2007年11月或12月，均幾乎套牢在接近最高點附近。何以致此？是否營收資料不僅對投資決策無用，甚至可能產生投資決策的誤導？非也，其原因乃在一般人只顧注意單月營收絕對數高低，而忽略了前述：營收變動趨勢重於短期營收的絕對數高低、累積營收年增率對於股價的敏感度大於單月營收年增率、長、短期平均線的融合分析可幫助了解景氣的整體榮枯等營收分析要點。

以下再以伍豐（8076）的累積營收變動情形進行說明：

圖二　伍豐（8076）營業收入累積年增率變動圖

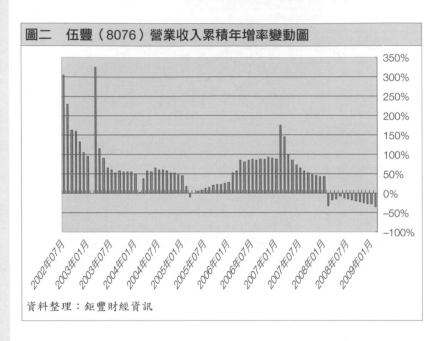

資料整理：鉅豐財經資訊

　　由上圖可以看到，伍豐（8076）的累積營收年增率自2007年1月攀高至176%後，隨即逐漸遞減，而此下滑趨勢並未因單月營收創新高而有任何改變。當投資人看到上市櫃公司的累積營收年增率由高峰出現明顯轉折，並成為趨勢時，千萬不可等閒視之，也絕不可迷惑在單月營收創新高的迷霧當中。當累積營收年增率由高峰反轉而下成為趨勢時，就應提高警覺，反而應趁營收創新高營造出的利多氣氛，在股價向上拉高之際，趁機進行往上調節動作。

最後，有些投資人可能於股價跌幅很深後，以為股價下跌空間已有限，或因整體市場氣氛營造出的反彈行情，使自己於下跌過程中進行加碼攤平。吾等由上頁圖二所呈現之累積營收年增率仍處於向下擴大跌幅趨勢未改變之前，都應寧可暫時採取觀望態度，而不應躁進由空翻多，以規避下跌波可能持續延長的投資風險。當然，除營收變動趨勢分析外，尚可從不同面向對公司營運進行追蹤分析。

6

由每股盈餘、每股營業利益及稅後盈餘分析企業營運

　　接下來要介紹如何透過每股營收、每股營業利益、及每股稅後盈餘之趨勢變化，來觀察一家公司之營收動能變化、本業獲利能力強弱、及每股盈餘之高低。透過簡單的算術數字來解讀公司營運基本面的變化趨勢，以強化投資買賣決策的品質。

　　一般股票買賣交易的基本報價單位為每股價格，而衡量公司獲利的基本計算單位則為每股獲利能力，通常以每股稅後盈餘，即每股EPS（Earnings Per Share）為衡量標準。啟動一家公司的最主要獲利來源的原始源頭為營業收入，衡量企業本業的獲利能力則為營業利益高低，最後加計營業外收支，才形成稅前盈餘，並在扣除營利事業所得稅費用後，結餘則為稅後盈餘。稅後盈餘除以發行流通在外普通股股本後，則為每股稅後盈餘，即俗稱之每股EPS。

　　透過個別公司總體營收趨勢觀察可以了解營收動能強弱；分析三大獲利指標波動趨勢則可以深入企業獲利內涵；檢驗營業外收支則可以看到盈餘是否虛胖。若再加入以發行股本為衡量基礎之每股營收、每股營業利益及每股盈餘變化觀察，更可以讓投資

者更容易了解趨動每股EPS變化的主因，也可以找到影響股價高低的最主要衡量標準～股價淨利比，即俗稱之「本益比」。

　　以下案例分別以不同公司最新財務報表，對其每股營收、每股營業利益及每股盈餘等變動趨勢，進行追蹤分析，以了解其營運基本面的榮枯。

案例一

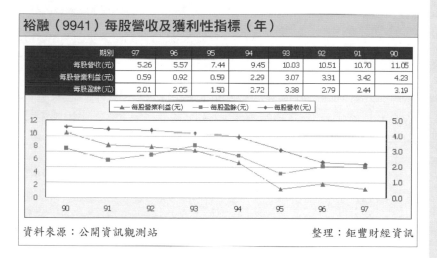

期別	97	96	95	94	93	92	91	90
每股營收(元)	5.26	5.57	7.44	9.45	10.03	10.51	10.70	11.05
每股營業利益(元)	0.59	0.92	0.59	2.29	3.07	3.31	3.42	4.23
每股盈餘(元)	2.01	2.05	1.50	2.72	3.38	2.79	2.44	3.19

裕融（9941）每股營收及獲利性指標（年）

資料來源：公開資訊觀測站　　　　　　　　　整理：鉅豐財經資訊

　　由公開資訊觀測站年度財務資料，透過代表該公司本業營收營運動能之每股營收走勢，讀者可以很清楚看到該公司之每股營收於94年跌破10元後，隨即急速下降；而代表本業獲利能力之每股營業利益，於94年開始惡化，並於95年達到谷底，至97年仍未改善；然而，包括本業及營業外收支之每股稅後盈餘，卻於96、97年即出現回穩緩升局面，此乃因該公司轉投資持股接近

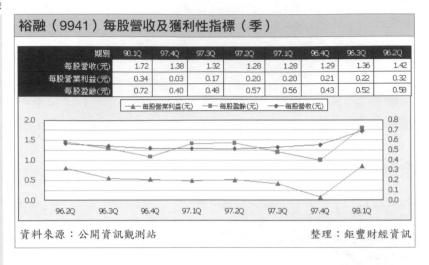

裕融（9941）每股營收及獲利性指標（季）

期別	98.1Q	97.4Q	97.3Q	97.2Q	97.1Q	96.4Q	96.3Q	96.2Q
每股營收(元)	1.72	1.38	1.32	1.28	1.28	1.29	1.36	1.42
每股營業利益(元)	0.34	0.03	0.17	0.20	0.20	0.21	0.22	0.32
每股盈餘(元)	0.72	0.40	0.48	0.57	0.56	0.43	0.52	0.58

資料來源：公開資訊觀測站　　　　　　　　　　整理：鉅豐財經資訊

七成之格上租車之轉投資收入穩定成長所致，97年營業外收入高達4.02億，佔稅前盈餘高達75.56%。由此可見，在本業猶處低迷之際，該公司之轉投資收益發揮了相當正面的效益。

再從公開資訊觀測站最新季度資料，可以發現代表該公司本業營收營運動能之每股營收走勢，於97年3Q即已回穩緩升，隨後於97年4Q及98年1Q更出現明顯回升趨勢；代表本業獲利能力之每股營業利益則於97年4Q達到谷底後，於98年1Q明顯改善，甚至成長，顯示本業獲利正式出現景氣谷底後的轉折；配合營業外轉投資收入於98年Q1達到高峰，導致該公司每股稅後盈餘拉高至0.72元，居表列最近8季之新高。

吾等發現，由年度財務資料與季度資料同時對照，可以發現該公司本業營運於97年下半年出現谷底轉折，並於98年1Q開始重回正常獲利軌道，這對該公司基本面是相當正面的訊息。

案例二

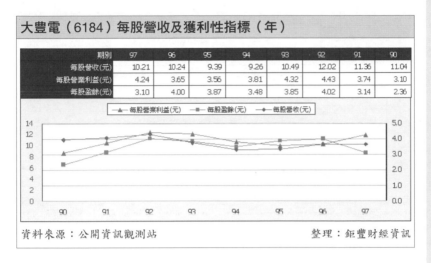

大豐電（6184）每股營收及獲利性指標（年）

期別	97	96	95	94	93	92	91	90
每股營收(元)	10.21	10.24	9.39	9.26	10.49	12.02	11.36	11.04
每股營業利益(元)	4.24	3.65	3.56	3.81	4.32	4.43	3.74	3.10
每股盈餘(元)	3.10	4.00	3.87	3.48	3.85	4.02	3.14	2.36

資料來源：公開資訊觀測站　　　　　　　整理：鉅豐財經資訊

　　觀察該公司本業營收營運動能之每股營收走勢，讀者可以很清楚看到該公司之每股營收於96年、97年均維持平穩，顯示本業景氣受總體經濟衰退的影響有限；代表本業獲利能力之每股營業利益，於97年創下近4年高峰；但是，包括本業及營業外收支之每股稅後盈餘，卻於97年即出現明顯下降，進一步分析其年度損益表，發現該公司97年投資跌價損失高達5,400萬，使其稅後盈餘自96年的2.48億，下降至1.92億，公司盈餘明顯受到營業外投資損失所侵蝕。進一步細究其投資項目，竟集中於短期性金融投資損失，公司涉入非本業專業範圍之高風險資產投資，徒增公司營運獲利之不穩定性。

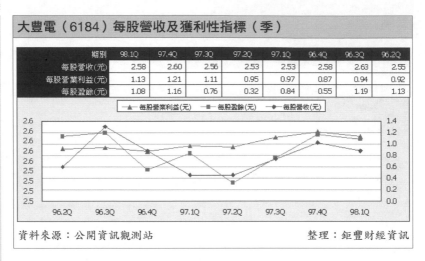

大豐電（6184）每股營收及獲利性指標（季）

期別	98.1Q	97.4Q	97.3Q	97.2Q	97.1Q	96.4Q	96.3Q	96.2Q
每股營收(元)	2.58	2.60	2.56	2.53	2.53	2.58	2.63	2.55
每股營業利益(元)	1.13	1.21	1.11	0.95	0.97	0.87	0.94	0.92
每股盈餘(元)	1.08	1.16	0.76	0.32	0.84	0.55	1.19	1.13

資料來源：公開資訊觀測站　　　　　　　　　整理：鉅豐財經資訊

　　由該公司季度資料，可以發現每股營收動能，於97年3Q即已逐步回升，隨後於97年4Q達到波段高點，98年1Q則小幅下滑；每股營業利益則始終維持平穩，自97年3Q至98年1Q，各季每股營業利益均維持在1元以上，顯示本業獲利相當穩健；而該公司於97年下半年後，對短期金融投資部位已明顯縮減，至98年1Q已降至零，使該公司營業外投資損失不致侵蝕公司盈餘，每股稅後盈餘隨每股營收及營業利益回升，而同步得到改善。

　　由年度與季度財務資料同時對照分析，發現該公司營運於97年下半年後，已重回正常獲利軌道，這對該公司也是相當正面的訊息。

7

讀懂現金流量表，
了解公司金流創造力優劣

　　從證券投資財務分析的觀點而言，資產負債表及損益表之深入解讀，雖可提供股票價值評價上不少線索，但真正要了解一家公司的現金創造能力及其會計盈餘品質優劣，就必須進一步探究公司的現金流量表，才能使股票價值的評價基礎更為堅實可靠。

　　現金流量表在證券投資財務分析上的主要分析重點如下：

會計盈餘與來自營運活動現金流量之差異分析

　　損益表中的稅後純益高低，往往不是決定一家企業可以分配多少現金股利的真正依據，而是公司創造淨現金流入的能力強弱。公司創造淨現金流入的營運源頭，來自公司日常的營業週轉過程中，所創造出來的現金流入，也就是現金流量表的第一部份──「來自營運活動現金流量」。

　　有些公司每年會計盈餘（稅後純益）都表現亮麗，但在股利分配時，現金股利發放比率卻總是矮人一截，大部份原因，可能均因為來自營運活動現金流量遠不如會計盈餘所呈現的情況，也就是公司賺了「紙上盈餘」，卻無「現金收入」

以下謹舉2008年剛上櫃的力積（3553）為例，對其來自營運活動現金流量與會計盈餘之差異，進行說明：

力積（3553）各季累積來自營運活動現金流量表								單位：百萬
力積（3553）現金流量表（累計）								
期別	2009.2Q	2009.1Q	2008.4Q	2008.3Q	2008.2Q	2008.1Q	2007.4Q	2007.3Q
稅後淨利	44	−4	73	71	41	33	236	193
不動用現金之非常損益	0	0	0	0	0	0	0	0
折舊	1	0	1	1	1	0	2	1
攤提	24	13	39	26	14	7	17	10
投資收益─權益法	0	−2	0	0	0	0	−13	−9
投資損失─權益法	15	0	48	28	15	2	0	0
現金股利收入─權益法	0	0	0	0	0	0	0	0
短期投資處分損（益）	0	0	0	0	0	0	0	0
固定資產處分損（益）	0	0	−1	−1	0	0	0	0
長期投資處分損（益）	0	0	0	0	0	0	0	0
準備提列（迴轉）	0	0	0	0	0	0	0	0
應收帳款（增）減	−234	−144	160	−156	−19	−30	58	−86
存貨（增）減	94	68	−96	−68	11	−59	−226	−441
應付帳款（減）	136	101	−242	131	24	99	−301	−224
其他調整項─營業	−174	−79	−11	−12	−3	38	42	41
來自營運之現金流量	−93	−46	−28	21	84	91	−185	−514

資料來源：XQ全球贏家

　　由上表，讀者可以發現，該公司從2007年～2009年第二季為止，連續三年來自營運活動現金流量均為負數，然而該公司損益表所呈現的卻是連續三年稅後純益都是正數，每股稅後純益分別為7.56元（2007）、1.86元（2008）及0.94元（2009上半年）。其中最大的差異來源為應收帳款、存貨、及應付帳款的增減變化。

　　一家公司在損益表中，其營業收入雖連續創新高，但若其營業收入有很大比例轉為應收帳款時，公司未必可以收到現金，若下游廠商屆時無法履行付款義務，營業收入創新高可能成為造成眾多投資人巨額損失之毒餌。下表即為該公司各月之營業收入變動圖：

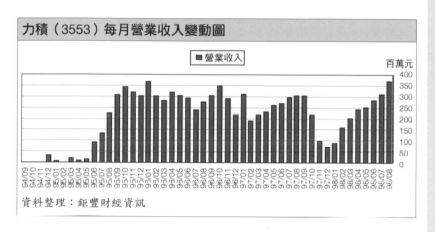

　　由各月營業收入變動圖，讀者將會發現該公司2009年前8個月營收，每個月都向上成長，8月營收甚至創下歷史新高。筆者無意論斷該公司財務報表是否有虛偽或是股價是否遭人為哄抬，只願意在此點出問題，讓讀者知道，短期股價有時與公司實質基本面並無太大關係，但會計盈餘與來自營運活動現金流量，呈現高度落差之公司，此種情況長期若無法改善，投資人高價買進股票後，成為股票投資市場的受害者之風險就會相當高。

　　接下來，再來看一家近幾年本業營業收入表現平平的公司——以承作汽車貸款及租賃之裕融（9941）。

裕融（9941）各季累積來自營運活動現金流量表　　單位：百萬

裕融（9941）現金流量表（累計）

期別	2009.2Q	2009.1Q	2008.4Q	2008.3Q	2008.2Q	2008.1Q	2007.4Q	2007.3Q
稅後淨利	377	170	474	380	266	133	484	382
不動用現金之非常損益	0	0	0	0	0	0	0	0
折舊	113	58	239	180	120	59	234	176
攤提	0	0	0	0	0	0	0	0
投資收益—權益法	−170	−78	−210	−162	−104	−48	−161	−134
投資損失—權益法	0	0	0	0	0	0	0	0
現金股利收入—權益法	6	0	52	52	6	0	43	43
短期投資處分損（益）	0	0	0	0	0	0	0	0
固定資產處分損（益）	0	0	3	2	1	1	30	28
長期投資處分損（益）	0	0	0	0	0	0	0	0
準備提列（迴轉）	0	0	0	0	0	0	−2	0
應收帳款（增）減	−1,118	−310	803	1,105	682	467	1,910	1,336
存貨（增）減	856	859	−166	−508	−141	209	−364	202
應付帳款增（減）	380	198	−428	−280	−166	−388	344	102
其他調整項—營業	157	37	187	−74	−82	−1	294	263
來自營運之現金流量	600	934	954	695	583	432	2,813	2,399

資料整理：鉅豐財經資訊

　　由上表，讀者可以發現，因國內信貸市場違約率升高，加上車市低迷不振，使該公司車貸業務獲利亦於2006年～2008年進入收縮期，但從來自營運活動現金流量表，可以發現該公司於2007年及2008年卻因應收帳款大量降低，而使其來自營運活動現金流量遠超過稅後純益，這顯示該公司除於景氣低迷期降低業務承作量外，巨額呆帳損失之提列動作已近尾聲。在全球總體經濟陷入衰退之際，該公司來自營運活動現金流量，反而持續大量累積墊高，這使得其現金股利之分配不致產生太大的波動。

裕融（9941）現金流量與盈餘品質　　　　單位：百萬元

期別	2009年	2008年	2007年	2006年	2005年	2004年	2003年	2002年	歷年合計
來自營運之現金流量	600	954	2,813	3,479	482	(1,221)	(65)	1,285	8,327
稅後純益	377	474	484	373	642	798	630	551	4,329
營運活動現金佔稅後純益比率	159.15%	201.27%	581.20%	932.71%	75.08%	-153.01%	-10.32%	233.21%	192.35%
投資活動之現金流量	497	(548)	(252)	(366)	(159)	(172)	(1,190)	(313)	(2,503)
自由現金流量	1,097	406	2,561	3,113	323	(1,393)	(1,255)	972	5,824
理財活動之現金流量	(1,023)	(388)	(2,578)	(3,089)	(267)	1,339	1,243	(1,013)	(5,776)
匯率影響數	0	0	0	0	0	0	0	0	0
本期產生之現金流量	74	19	(16)	24	56	(54)	(11)	(41)	51

■ 營運活動現金佔稅後純益比率

※2009年為已公佈季報累計值。

資料整理：鉅豐財經資訊

　　接下來，再把觀察的期間拉長，從上方圖表可知，該公司自2002年～2009年上半年為止，來自營運活動現金流量，佔稅後純益之比率為192.35%，表示該公司從營運活動所創造出的現金流入約為會計盈餘之兩倍，盈餘品質相當良好。此種情況，在2006年～2009年上半年，更為明顯。在這段期間內，該公司創造之自由現金流量（來自營運活動現金流入扣除投資活動現金流出之淨額），合計高達71.77億，為該公司目前股本23.58億之三倍有餘。

　　穩定之現金流入除可檢驗公司會計盈餘品質外，更是一家公司持續配發現金股利的動力來源。投資人在拿到一家公司的損益

表後，除關心公司稅後純益高低之外，接下來第一個動作，應該馬上將稅後純益與來自營運活動現金流量做一對照，兩者若有明顯落差，就應找出合理差異原因，若發現盈餘品質欠佳（最常見的是應收帳款或存貨大增），對該公司股票投資便應保守以對，以規避極可能隨之而來的投資損失。

8

營收創新高，不代表股價創新高

　　筆者曾接獲不少讀友反應，一些太陽能相關公司的每月營收表現不俗，但何以股價無法反應高獲利水準應有的本益比？老實說，股價的短期表現並非筆者所能預測，只能就相關重要營運及財務數據，提出分析看法供讀友參考。

　　以下就昇陽科（3561）之每月營收趨勢及重要財務數據進行解析：

個案：昇陽科

一、營收動能

昇陽科（3561）每月營業收入統計表							單位：億元
年月	營業收入	月成長率 MOM(%)	去年同期 單月營收	去年同期 YOY(%)	今年以來 累計營收	去年同期 累計營收	累計營收 YOY(%)
100/01	16.2	13.79%	5.3	204.08%	16.2	5.3	204.08%
99/12	14.2	6.24%	5.3	171.10%	110.7	38.4	188.50%
99/11	13.4	2.27%	5.1	160.45%	96.4	33.1	191.27%
99/10	13.1	0.78%	4.7	178.94%	83.0	27.9	196.94%
99/09	13.0	11.75%	4.2	207.06%	69.9	23.2	200.59%
99/08	11.6	20.65%	2.5	370.16%	56.9	19.0	199.14%
99/07	9.6	37.56%	2.3	320.66%	45.2	16.5	173.53%

（續）

99/06	7.0	9.79%	2.0	248.27%	35.6	14.2	149.83%
99/05	6.4	7.81%	1.9	238.79%	28.6	12.2	133.61%
99/04	5.9	5.92%	2.1	188.96%	22.2	10.3	114.43%
99/03	5.6	5.19%	2.8	101.49%	16.2	8.3	95.99%
99/02	5.3	−0.24%	1.9	173.16%	10.7	5.5	93.21%
99/01	5.3	1.45%	3.6	49.55%	5.3	3.6	49.55%
98/12	5.3	2.07%	3.2	62.07%	38.4	53.2	−27.87%
98/11	5.1	9.53%	3.6	44.81%	33.1	49.9	−33.71%
98/10	4.7	10.94%	4.1	15.06%	27.9	46.4	−39.73%
98/09	4.2	71.11%	4.6	−7.20%	23.2	42.3	−45.03%
98/08	2.5	7.95%	5.2	−52.20%	19.0	37.7	−49.60%
98/07	2.3	13.88%	4.6	−50.56%	16.5	32.5	−49.19%
98/06	2.0	6.80%	5.9	−66.14%	14.2	27.9	−48.96%
98/05	1.9	−8.05%	4.9	−61.80%	12.2	22.0	−44.31%
98/04	2.1	−26.14%	5.9	−65.36%	10.3	17.0	−39.23%
98/03	2.8	42.60%	3.7	−24.65%	8.3	11.1	−25.28%
98/02	1.9	−45.38%	3.5	−44.18%	5.5	7.4	−25.60%
98/01	3.8	9.95%	3.9	−9.07%	3.6	3.9	−9.07%

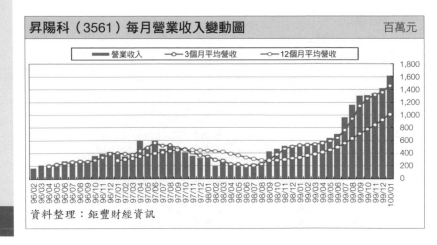

昇陽科（3561）每月營業收入變動圖　　　　　　百萬元

資料整理：鉅豐財經資訊

昇陽科為國內生產太陽能電池的主要廠商之一，該公司於
2005年5月甫成立，並於2008年12月上市掛牌交易，目前發行
在外流通股本為19.89億，尚屬於成立不久的新公司，股本也算
是中小型股。

從上頁圖表，吾人可以發現該公司每月營收自2009年6月以
來，除2010年2月微幅下降外，每個月營收持續向上創新高，至
2011年1月為止，已連續11個月創下新高。從2010年的各月累
積營收年增率變動，可以發現該公司各月累積營收年增率從2011
年7月拉升至173%後，即維持在高檔始終居高不墜，2011年1
月營收相較於2010年同期成長率高達204%，成長率讓人驚豔。

再從該公司長、短期營收動能趨勢分析，該公司3個月平
均營收趨勢線於2009年9月由下向上穿越12個月平均營收趨勢
線，隨即隨著每個月營收創新高而呈現一路走揚趨勢，並帶動
12個月平均營收趨勢線於2009年10月也由下滑轉為上揚。

單純從每個月營收動能及長、短期趨勢觀察，該公司於
2009年10月即出現一次不錯的買進點，短期營收趨勢線由下穿
越長期營收趨勢線，且兩條趨勢線呈現同時上揚的走勢。長、短
期營收趨勢線同時向上揚升的走勢，乃為營收動能多頭排列的標
準格局。

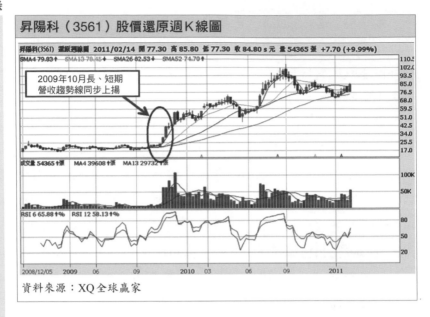

昇陽科（3561）股價還原週K線圖

昇陽科(3561) 還原週線圖 2011/02/14 開 77.30 高 85.80 低 77.30 收 84.80 s 元 量 54365 張 +7.70 (+9.99%)

SMA4 79.83↑   SMA13 78.45↓   SMA26 82.53↓   SMA52 74.70↑

2009年10月長、短期
營收趨勢線同步上揚

成交量 54365 ↑漲   MA4 39608 ↑漲   MA13 29732 ↑漲

RSI 6 65.88 ↑%   RSI 12 58.13 ↑%

資料來源：XQ全球贏家

　　該公司股價自2009年9月收盤的24.1元，至2010年9月，最高上漲至105.5元，一年期間的漲幅高達337%，相較於大盤指數的9.7%，該公司股價反應營收動能的轉強其實已相當明顯。

　　但該公司每個月營收於2010年9月以後仍持續創新高，何以股價無法持續向上挺進？根據該公司公佈之2010年前三季損益表顯示，前三季累積每股稅後純益已達5.01元，其中2010年第三季單季獲利高達2.52元。若以此推估，該公司2010年每股稅後純益應有達7.5元上下的實力，股價本益比從2010年9月大約14倍左右，下修至11.3倍，股票投資價值隨營收持續創新高再度引起市場關注。

二、現金流量

而從財務面之長期現金流量觀察，該公司因產業仍需大量的資本支出，潛藏著不低的來自產業變動投資風險，筆者相信這應該是該公司股價大漲後無法讓穩定性較高的長期投資人於本益比走高後放心的地方。

昇陽科（3561）現金流量統計表							單位：百萬元
期別	2010年	2009年	2008年	2007年	2006年	2005年	歷年合計
來自營運之現金流量	1,425	739	(501)	(570)	(633)	(17)	433
稅後純益	889	166	377	284	31	(8)	1,739
營運活動現金佔稅後純益比率	160.29%	445.18%	-132.89%	-200.70%	-2041.94%	212.50%	25.47%
投資活動之現金流量	(2,085)	(873)	(2,109)	(553)	(382)	(299)	(6,301)
自由現金流量	(660)	(134)	(2,610)	(1,123)	(1,015)	(316)	(5,850)
自由現金流量佔稅後純益比率	-74.24%	-80.72%	-692.31%	-395.42%	-3274.19%	3950.00%	-336.86%
理財活動之現金流量	866	135	2,216	1,571	799	600	6,187

註：2010年為 1 ～ 3 季累積數
資料整理：鉅豐財經資訊

　　從上面統計表發現該公司自成立以來，歷年累積的來自營運活動所創造的淨現金流量合計數，佔歷年稅後純益合計數僅25.47%，明顯偏低。公司成立之前四年（2005 ～ 2008年），來自營運活動現金流量全部為負數，顯示在該期間內本業營運無法創造任何現金淨流入，所幸最近兩年已明顯改善，分別達445.18%及160.29%。

　　然而，該公司來自營運活動現金流量雖於2009年～2010年第三季呈現資金淨流入，但該公司歷年自由現金流量合計數竟為負數，金額高達–58.58億，為歷年稅後純益合計數17.39億之–336.86%，亦即該公司會計損益報表之歷年稅後純益雖為正數，但歷年來自營運活動現金流量扣除必要的資本支出後，卻呈現負數。自由現金流量呈現負數之公司，並無法具備穩定的高配息能力，這乃是其股票評價的極大負向因子。

三、股利政策

昇陽科（3561）歷年每股EPS與股利分配統計表						
年度	每股EPS	現金股利	盈餘配股	股票股利	合計	現金配息率
2009	126	0.10	0.80	0.80	0.90	7.94%
2008	3.99	0.30	1.20	1.20	1.20	7.52%
2007	0.19	1.02	0.51	0.51	0.51	31.89%
2006	0.41	0.00	0.00	0.00	0.00	0.00%
資料來源：XQ全球贏家						

　　從該公司歷年股利分配表，可以發現該公司歷年現金配息率都不超過50%，最高只有31.89%，其它年度都不超過10%，明顯偏低。該公司歷年自由現金流量均為負數，就公司現金水位而言，並不具備配息能力，但其卻透過理財活動現金增資或提高負債比率以達勉強配出股息，這明顯不符公司投融資決策正常邏輯。

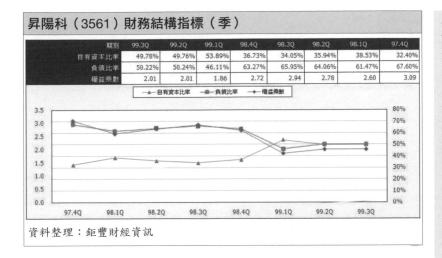

昇陽科（3561）財務結構指標（季）

期別	99.3Q	99.2Q	99.1Q	98.4Q	98.3Q	98.2Q	98.1Q	97.4Q
自有資本比率	49.78%	49.76%	53.89%	36.73%	34.05%	35.94%	38.53%	32.40%
負債比率	50.22%	50.24%	46.11%	63.27%	65.95%	64.06%	61.47%	67.60%
權益乘數	2.01	2.01	1.86	2.72	2.94	2.78	2.60	3.09

資料整理：鉅豐財經資訊

結論

1. 綜合上述分析，昇陽科近期營收動能持續攀高，代表產業景氣持續快速成長，加上該公司過去年度投資活動資本支出相當積極，未來營收成動能成長性仍可期待。

2. 該公司最近兩年度來自營運活動的現金流量已轉為正數，本業營運創造淨現金流入的能力明顯改善。

3. 但長期自由現金流量累積數仍為負數，亦顯示產業具備高資本支出的投資風險特性，也是該公司股價本益比無法大幅提高的主要原因。

說明：

自由現金流量＝來自營運活動現金流量淨流入數－投資活動現金流量之資金流出數

9

季節性淡季效應的股價回檔操作

　　上市櫃公司每年的10月底公佈當年度的第三季財務報告書後，一直到隔年的4月底，前一年度的財務報告書及新年度的第一季財務報告書才會再公告。亦即每年的11月至隔年的4月底之間，外部投資人對所投資的上市櫃公司，除透過每個月10日之前公告的前一個月營業收入（以下簡稱營收）消長判斷公司營運榮枯外，外部投資者在此期間可能陷入公司營運資訊取得的黑暗期，內外部不同投資者之間就容易產生資訊的極端不對稱性，資本市場交易的不公平性就此產生。

　　對深黯財務分析及企業評價者而言，或許可以透過公司過去年度營運軌跡所形成的資產負債表及損益表，並配合現金流量表，以評估企業的恆常內含價值，並以高度耐心等待股價因市場情緒過度悲觀或樂觀時，採取逢低買進持有或逢高獲利了結策略。對價值投資者而言，大部份的時間都在等待中渡過，空手時等待超跌的低價位出現，持有股票時等待市場不理性追高的溢價行情到來；交易及盯住盤面短線跳動的時間僅佔投資生活極小的比重，頻繁的交易並非創造投資利潤的方法。

然而，對注重財務分析之價值投資者而言，等待並不代表對公司營運資訊的漠視，縱使每年的11月至隔年的4月底之間，上市櫃公司並未被強制要求公告最新財務獲利數字，投資者仍應隨時關注投資標的公司之產業脈動及個別企業營運榮枯。因此，投資者在此期間，更應緊盯上市櫃公司每月10日以前所公佈的前月營收數字，並據以分析研判，以降低資訊的落後及內外部資訊之不對稱性。

營業收入變動趨勢對股票價格影響的分析重點有下面幾點：

1. 營收變動趨勢重於短期營收的絕對數高低。
2. 累積營收年增率對於股價的敏感度大於單月營收年增率。
3. 長、短期平均趨勢線的融合分析可幫助了解景氣的季節性波動或整體榮枯。

一般投資者通常在意企業營收的月成長率或年成長率高低，或是單月營收是否創新高，但卻鮮少關心公司營收趨勢如何。為何要關心營收趨勢呢？因為趨勢是一段時間的營運軌跡，單月營收的變化卻極可能因特定客戶下單量劇烈增減波動、或特殊季節因素，而使營收出現變化。因此，追蹤觀察公司的營收變化，必須掌握營收變動趨勢重於短期營收的絕對數高低的重要原則，而長期營收趨勢的敏感度雖不如短期營收趨勢，但其卻能免除季節性因素造成對產業景氣研判的干擾。

每年的11月至隔年2月，通常剛好橫跨大部份公司的第四季出貨旺季及年後春節期間的出貨淡季，在此期間，上市櫃公司營

43

收數字不僅單月營收可能劇烈跳動，甚至可能造成短期營收趨勢線由上揚轉為下滑，造成投資者心中極度的忐忑不安。

遇到此種情況，投資者務必先冷靜地收集上市櫃公司過去年度每個月的營收消長數字及趨勢型態，並觀察其過去年度在此期間內之營收變動是否也發生過此種劇烈跳動情形，若前面年度的營收變動趨勢型態亦呈現相同情況，則極可能是產業季節性因素所造成，投資者在分析研判公司營收動能時務必以更長期的趨勢線觀察，方能避免短期營收數字因季節性因素干擾而劇烈增減，對投資心理造成過度壓力，甚至形成投資決策的誤判。

以下以宏全（9939）為例，對其營收變動趨勢進行說明：

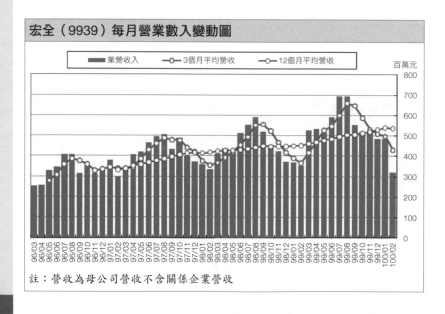

宏全（9939）每月營業數入變動圖

註：營收為母公司營收不含關係企業營收

由上圖可以清楚看到，該公司母公司每年單月營收數字自9月以後，一直到隔年的2月，通常為營收的淡季，主要因該公司產品為PET耐熱結晶瓶（36.53%）、飲料充填包裝（21.86%）、塑蓋類（13.38%）、鋁蓋類（8.14%）等等，當夏天一過即進入產品的淡季，導致其單月營收產生明顯的波動趨勢，並進而影響該公司的3個月短期平均營收趨勢線亦上下波動。因此，判斷該公司營收動能強弱及產業景氣狀況，便應將更多注意力放在12個月的長期平均營收趨勢上，才不會產生投資決策的誤判情況。

因該公司海外轉投資公司的營收已超過台灣母公司的營收數字，而該公司近幾年來亦主動公布集團營收總額，因此投資者在資訊的取得上便可更充足一些。下表為該公司集團每月營收變動統計表：

表一　宏全（9939）集團合併營收統計表							單位：億元
年月	營業收入	月成長率 MOM (%)	去年同期 單月營收	去年同期 YOY (%)	今年以來 累計營收	去年同期 累計營收	累計營收 YOY (%)
100/02	7.8	−29.52%	7.8	0.20%	18.9	16.0	18.36%
100/01	11.1	19.19%	8.2	36.26%	11.1	8.2	36.26%
99/12	9.3	13.35%	7.0	32.96%	125.8	105.0	19.86%
99/11	8.2	−10.65%	7.1	15.84%	116.5	98.0	18.93%
99/10	9.2	−27.46%	8.6	7.62%	108.3	90.9	19.17%
99/09	12.7	−8.24%	10.4	21.99%	99.1	82.3	20.37%
99/08	13.8	−4.39%	11.1	24.23%	92.0	71.9	27.93%
99/07	14.5	14.02%	11.8	22.44%	78.2	60.8	28.61%
99/06	12.7	7.63%	10.5	20.81%	63.7	49.0	30.10%
99/05	11.8	0.81%	8.4	40.30%	51.0	38.5	32.63%
99/04	11.7	1.02%	8.4	39.51%	39.2	30.1	30.49%

（續）

99/03	11.6	48.09%	8.3	39.16%	27.5	21.7	27.00%
99/02	7.8	−4.16%	6.7	17.33%	16.0	13.4	19.44%
99/01	8.2	16.30%	6.7	21.53%	8.2	6.7	21.53%
98/12	7.0	−1.25%	6.2	12.20%	105.0	92.3	13.76%
98/11	7.1	−16.98%	6.3	12.70%	98.0	86.0	13.87%
98/10	8.6	−17.78%	7.6	12.48%	90.9	84.5	7.51%
98/09	10.4	−6.55%	8.0	29.44%	82.3	76.9	7.02%
98/08	11.1	−5.77%	9.9	12.82%	71.9	68.9	4.40%
98/07	11.8	12.50%	10.2	15.99%	60.8	59.0	2.99%
98/06	10.5	25.00%	10.2	2.94%	49.0	48.8	0.28%
98/05	8.4	0.24%	9.4	−10.22%	38.5	39.2	−1.79%
98/04	8.4	0.76%	8.7	−3.42%	30.1	29.8	0.85%
98/03	8.3	24.85%	7.9	5.31%	21.7	21.1	2.60%
98/02	6.7	−0.73%	6.1	8.77%	13.4	13.2	0.99%
資料整理：鉅豐財經資訊							

　　由上表可知，該公司集團單月營收自99年8月開始因進入季節性淡季而連續4個月下滑，100年2月則因農曆春節連續假日影響出貨天數而明顯下滑。每年的3～7月為該公司營收之連續成長期，只要在此期間能回補淡季回落的營收業績，甚至逐步墊高，則季節性變動對短期營收的影響並不會改變公司長期營運的成長動能。

　　該公司98、99年3月營收的月增率分別高達24.85%、48.09%，顯示單月營收動能極可能於每年3月開始轉強。投資者應將更多注意力集中在每年4月10日公佈的前一個月營收數字變化，若3月營收數字無法明顯成長，長期營收動能轉弱的危機就會真正提高。

表二　宏全（9939）集團合併營收長（12月）、短期（3月）平均
　　　線統計表

年月	營業收入	3個月平均線	3個月平均線前後期差額	12個月平均線	12個月平均線前後期差額	單月成長率MOM (%)
100/02	7.8	9.4	(0.1)	11.2	0.0	−29.52%
100/01	11.1	9.6	0.6	11.2	0.2	19.19%
99/12	9.3	8.9	(1.1)	11.0	0.2	13.35%
99/11	8.2	10.0	(1.9)	10.8	0.1	−10.65%
99/10	9.2	11.9	(1.8)	10.7	0.1	−27.46%
99/09	12.7	13.7	0.0	10.6	0.2	−8.24%
99/08	13.8	13.7	0.7	10.4	0.2	−4.39%
99/07	14.5	13.0	0.9	10.2	0.2	14.02%
99/06	12.7	12.1	0.4	10.0	0.2	7.63%
99/05	11.8	11.7	1.3	9.8	0.3	0.81%
99/04	11.7	10.4	1.2	9.5	0.3	1.02%
99/03	11.6	9.2	1.5	9.2	0.3	48.09%
99/02	7.8	7.7	0.2	9.0	0.1	−4.16%
99/01	8.2	7.4	(0.1)	8.9	0.1	16.30%
98/12	7.0	7.6	(1.1)	8.7	0.1	−1.25%
98/11	7.1	8.7	(1.3)	8.7	0.1	−16.98%
98/10	8.6	10.0	(1.1)	8.6	0.1	−17.78%
98/09	10.4	11.1	(0.0)	8.5	0.2	−6.55%
98/08	11.1	11.1	0.9	8.3	0.1	−5.77%
98/07	11.8	10.2	1.1	8.2	0.1	12.50%
98/06	10.5	9.1	0.7	8.1	0.0	25.00%
98/05	8.4	8.4	0.6	8.1	(0.1)	0.24%
98/04	8.4	7.8	0.6	8.2	(0.0)	0.76%
98/03	8.3	7.2	0.7	8.2	0.0	24.85%
98/02	6.7	6.5	0.1	8.1	0.0	−0.73%

資料整理：鉅豐財經資訊

　　由上表，該公司集團3個月平均營收趨勢線自99年10月開始因季節性淡季而下滑，但12個月平均營收趨勢線至100年2月為止，雖出現單月遲滯現象，但尚未出現連續性轉弱跡象，往後3及4月的營收數字對該公司長期營收動能強弱的判斷將顯得相當的重要。若單月營收變動型態如99年同期所呈現一致，則淡季效應下的股價短線回檔，恐怕將是另一次不錯的股票買進點。

10

員工分紅配股的影響以及與一般認購權證的差異

　　依公司法第167條之二（員工認股權證，適用於非公開發行公司）：「公司除法律或章程另有規定者外，得經董事會以董事三分之二以上之出席及出席董事過半數同意之決議，與員工簽定認股權契約，約定於一定期間內，員工得依約定價格認購特定數量之公司股份，訂約後由公司發給員工認股權憑證。員工取得認股權憑證，不得轉讓。但因繼承者，不在此限。」

　　員工認股選擇權主要有下列二點含意：

1. 認股選擇權乃得於特定期間選擇是否以特定價買進特定數量股票的選擇權利，無論該特定期間內股票價格為何。

2. 認股選擇權授予對象僅止於「公司員工」（含子公司員工），並不及於公司相關利害關係人，此點與國外「Stock Option」適用對象可擴及董監事等有所不同。

　　因員工認股權（Employee Stock Option）一開始便設定一個認股價格，也就是俗稱的執行價或履約價。員工要取得公司股票

必須以認股價格買進公司股票，此與原先的員工分紅無償配股制度，顯然並不相同。

目前的員工分紅配股與員工認股權證有下列不同點：

1. 員工認股權制度要由員工按約定價格，自行出資購買公司股票，使員工持有公司股票的投資損益，與公司股價表現產生切身連動關係。

2. 員工認股權因有下列限制，使對員工的獎勵與公司未來營運績效產生連動，而不是如員工分紅配股一樣，以公司過去盈餘為計算基礎。

   依據證券交易法第28條之三及公司法第167條之二有下列規定：

   (1) 員工認股選擇權自發行之日兩年後方得行使。

   (2) 員工認股選擇權發行期間最長不得逾十年。

   (3) 員工認股選擇權除繼承外，不得轉讓。

   (4) 公司不得限制員工取得股票後之轉讓。（經濟部第9102160680號函令）

   此乃為讓員工認股選擇權發行一段時間後，公司績效可以反應在股票價格上，讓企業未來績效可以與員工的激勵制度取得連結，此外並限制其於轉換為股票前不得轉讓，此乃說明員工認股選擇權獎勵對象為企業之「正職員工」，認股選擇權的價值必須建立在先有履約價值之上（即認購價低於當時市場價格）。對執行期間之限制及限

制認股選擇權之自由轉讓，讓員工激勵制度與公司未來績效相連結，這乃其與員工分紅就過去績效進行獎勵全然不同之處，也是員工認股選擇權之精髓所在。

由此可見員工認股權對外部一般投資人的權益而言，應是較實施無償性員工分紅配股來的正面。但是，因國內第39號會計公報自2008年才起步，部份不肖上市櫃公司趁法令轉換仍處於空窗期之際，大量發行員工認股權證，因認股權證的價值，除執行價與市價的差額（內涵價值）外，尚有時間價值存在。若於2007年底之前濫發員工認股權證，將使其未來潛在股本擴增，致EPS下降，外部股東權益在未來遭到嚴重侵蝕；投資人對此類公司應排除在投資名單之外。

至於一般認購權證（Stock Warrants）與員工認股權的不同處，在於前者的發行單位，為上市櫃公司以外的第三者，如證券商；後者的發行單位則純為股票發行公司本身。投資人可以在看漲該公司的股票上漲潛力下，以權證承銷價格（即權利金）在承銷市場向證券商，或於次級市場購買公司股票的購買權證（Purchase Warrants），發揮以小博大、控制可能損失額度的財務槓桿效益，在多頭市場的末升段，或是初升段但情勢仍不明情況下，都是搭配現股操作的絕佳股票操作策略。

11

員工分紅佔公司盈餘比例應如何計算？

做為一個外部投資人，在計算員工分紅對公司的盈餘稀釋程度高低時，不應以配股的每股面額為計算標準，而是應該以股票最新市價為計算標準，其算式如下：

員工分紅配股佔稅後盈餘比例＝
〔（員工分紅配股數×最新市價）＋員工現金紅利＋董監事酬勞金〕／前一年度的稅後盈餘

下面以聯發科為例，說明其2006年員工分紅配股佔該年度稅後盈餘比例：

表一	聯發科（2454）員工分紅配股（含董監酬勞）佔稅後盈餘比例對照表：（2006年為例）									
	分配情形（億元、股）			員工分紅配股市價（億元）						
稅後純益（億）	董監酬勞	現金紅利	股票紅利（股）	董監酬勞	現金紅利	股票紅利（億元）	合計（億元）	每股市價（元）	取樣日期	佔率（%）
225.8	0.631	9.7508	20,683,712	0.631	9.7508	123.90	134.28	599	2007/7/25	59.47%
225.8	0.631	9.7508	20,683,712	0.631	9.7508	87.08	97.46	421	2007/12/31	43.16%
225.8	0.631	9.7508	20,683,712	0.631	9.7508	71.98	82.36	348	2008/1/11	36.48%

　　表一，每股市價的取樣日期共有三天，2007年7月25日是除權日。讀者可以發現，當每股市價越高，員工分紅配股（含董監事酬勞）佔該公司稅後純益的比例就越高，以2007年除權日收盤價計算，該金額竟然高達123.9億，佔率高達59.47%。金額及比重之高令人咋舌。

　　上市公司員工分紅配股詳細資料可依下列步驟在「公開資訊觀測站」官方網站找到，查詢程序如下：

「公開資訊觀測站」→「公司治理」→「股利分配情形─經股東會確認後適用」→就可以查詢到所有上市公司的盈餘分配及員工分紅配股詳細情形。

12

別領了股利，賠了本金

　　6月是上市櫃公司傳統上的股東會旺季，很多平常高高在上的大老闆，面臨一年一度的股東會必須直接面對小股東對公司營運的詢問與質疑，無不上緊發條、費心沙盤推演開會當天的可能狀況，以便見招拆招，免得在眾多媒體及股東面前出糗，折損平日在員工心中高高在上的資本家形象。

　　憑心而論，企業經營績效若良好，而大股東等內部經營者又時時以全體股東的利益為考量，其實不用在股東會上耍太多花招，只要以坦誠的態度，將企業的營運狀況透過高度透明的財務報表，詳實對外部所有股東提出報告，相信絕大部份股東都會給予掌聲。就怕少部份內部經營者，主觀上認定小股東對財務資訊內涵的解讀能力薄弱，試圖掩飾企業營運所面臨的問題，透過窗飾（Window Dressing）手段美化財務報表，或以不當的投融資及股利政策，欲誤導外部一般股東對股票投資的正常評價。因此，投資者在股票市場務必學會解讀財務資訊的一些基本能力，方能在股票市場之中趨吉避凶，先讓自己立於不敗之地。

　　在股東會上，很多小股東極力向經營者爭取股利發放金額的提高，以為股利越高代表投資該公司的現金股息殖利率越高，股

價就會越高。這是台灣投資者近幾年來容易犯下的一個嚴重謬誤，也是上市櫃公司經營者喜歡藉此題材，試圖炒高公司股價以掩飾營運管理績效不彰的常見技倆。

就企業評價的觀點而言，長期穩定的現金配息能力確實可以代表公司創造現金流入量的能力，卻無法完全保證企業發放現金股利的來源係來自企業營運活動所創造出來的，更無法確認公司透過營運活動創造出的現金流入量，在扣除企業資本支出後之自由現金流量為正數，此自由現金流量的高低才是企業提供發放現金股利的真正穩定來源。

當企業長期自由現金流量為負數或很低，但卻仍執意發放現金股利，則公司若非向銀行增加舉債融資，便是向債權人加發公司債融資借款，甚至透過現金增資向原股東募資；對外融資舉債將增加公司利息費用之成本，向原股東現金增資募款，將使股本快速膨脹，導致每股盈餘（EPS）下降，最後使股價跟著下跌。

企業究竟應採高或低的現金股利政策，首先應決定於企業本業營運活動是否有創造現金流量的能力？其次是發放現金股利後，庫存資金是否仍足以供正常的資本支出以維持企業產能的擴充與更新？最後是，企業運用總資產的投資報酬率，即總資產報酬率（稅後純益／總資產）是低於或高於負債的平均資金成本？

若企業本業營運活動創造現金流入量的能力不強，扣除資本支出後，更使庫存現金轉為負數，即自由現金流量為負數；此兩種情況之下，均不應採取對外舉債或融資、甚至以現金增資款項支應現金股利的發放。而企業總資產報酬率若明顯低於負債成

本，企業亦應以資金先清償公司負債，行有餘力再發放現金股利；反之，若總資產報酬率高於負債成本，則應優先支應公司資本擴充或更新所需之正常資金後，再來發放現金股利。企業經營者若未先考量公司是否面臨上述實際狀況，便欲迎合市場或媒體關心焦點，或僅為避免股東會被質疑窘境，甚至企圖藉此炒作股價謀取私利，則將戕害公司利益，最終使所有股東的權益遭受損失。

案例：新日光（3576）

1. 現金流量統計表分析

新日光（3576）現金流量與盈餘品質								單位：百萬元
期別	2011年	2010年	2009年	2008年	2007年	2006年	2005年	歷年合計
來自營運之現金流量	(468)	2,619	1,831	(1,090)	(1,570)	(252)	(3)	1,064
稅後純益	304	2,738	(1,139)	831	548	9	(5)	3,286
營運活動現金佔稅後純益比率（%）	−153.95%	95.54%	−160.76%	−131.17%	−286.50%	−2800.00%	60.00%	32.38%
投資活動之現金流量	(770)	(4,102)	(103)	(3,409)	(468)	(422)	(1)	(9,275)
自由現金流量	(1,238)	(1,486)	1,728	(4,499)	(2,038)	(674)	(4)	(8,211)
自由現金流量佔稅後純益比率（%）	−407.24%	−54.27%	−151.71%	−541.40%	−371.90%	−7488.89%	80.00%	−249.88%
理財活動之現金流量	(432)	3,917	1,117	5,051	2,530	182	600	12,965
匯率影響數	0	0	0	0	0	0	0	0
本期產生之現金流量	(1,670)	2,431	2,846	553	492	(492)	596	4,756

註：2011年至第一季止。
資料整理：鉅豐財經資訊

　　從上頁統計表發現該公司自2005年成立以來，歷年累積的來自營運活動所創造的淨現金流量合計數，佔歷年稅後純益合計數僅32.38%，明顯偏低。公司成立之前四年（2005~2008年），來自營運活動現金流量全部為負數，顯示在該期間內本業營運無法創造任何現金淨流入，所幸2009、2010年明顯改善，但是2011年首季再度轉為負數。

　　然而，該公司來自營運活動現金流量雖於2009年至2010年呈現資金淨流入，但該公司歷年自由現金流量合計數竟為負數，金額高達負82.11億，為歷年稅後純益合計數32.86億之–249.88%，亦即該公司會計損益報表之歷年稅後純益雖為正數，但歷年來自營運活動現金流量扣除必要的資本支出後，卻呈現負數。自由現金流量呈現負數之公司，理應將資金優先支應公司資本支出或清償負債，並無法具備穩定的高配息能力，但該公司卻於今年（2011年）配發2010年現金股利高達4.61元，明顯有悖公司資金運用之正常邏輯，這乃是其股票評價的極大負向因子。

　　從歷年現金流量統計表發現，該公司自2005年成立後，自2007年至2010年，每年均辦理現金增資，分別向股東募集資金14.5億、21億、13.67億、46.85億，導致該公司「理財活動現金流量」在該期間均為正數，亦即公司長期自由現金為負數之資金缺口，絕大部份均靠股東持續注資的資金補足。投資該公司的股東不僅很少有現金股利可領，甚至還要持續掏出老本以彌補公司營運後的資金缺口。

2. 股利政策

新日光（3576）

年度	每股EPS	現金股利	股票股利	合計	現金配息率（％）
2010	11.55	4.61	0.51	5.12	39.91%
2009	−5.99	0.00	0.00	0.00	0.00%
2008	6.12	1.10	1.10	2.20	17.97%
2007	5.98	0.20	1.80	2.00	3.34%
資料整理：鉅豐財經資訊					

　　從該公司歷年股利分配表，可以發現該公司歷年現金配息率都不超過50%，最高為2010年的39.91%，其它年度都不超過20%，明顯偏低，顯示該公司現金流量之不足。但2011年卻在2010年每股EPS高達11.55元的表面光環之下，配發高達4.61元現金股利，以該公司除息前一日收盤價61.2元計算，現金股息殖利率高達7.53%，看似非常吸引人！

　　然而，投資者若夠細心，就會發現該公司2010年每股EPS雖高達11.55元，但自由現金流量在2010年及2011年首季仍均為負數，公司何來資金配發現金股利？道理很簡單，先前透過現金增資從股東口袋募集而來的資金，以另一種型式（配發現金股利）退還部份資金給股東，姑且不論除息當日股價按每股配發現金股利金額自然下調，未來能否順利填息仍是未定數，領取這部份現金股利的股東，請在2012年按個人綜合所得稅率繳交額外的稅賦。

3. 股本來源

年度	現金增資	比重	盈餘轉增資	比重	公積及其他	比重
2011	25.9	78.75%	6.09	18.52%	0.9	2.74%
2010	24.36	81.94%	4.49	15.10%	0.88	2.96%
2009	16.05	75.71%	4.49	21.18%	0.66	3.11%
2008	11.5	79.86%	2.48	17.22%	0.42	2.92%
2007	9.5	97.94%	0	0.00%	0.2	2.06%
2006	6	97.72%	0	0.00%	0.14	2.28%
2005	6	100.00%	0	0.00%	0	0.00%

新日光（3576）　　　　　　　　　　　　　　　　單位：億

資料來源：XQ全球贏家

　　由上表，該公司自2005年成立後，除2006年沒有現金增資外，其餘年度每午均辦理現金增資，亦即對股東而言，在此期間，不僅無法透過寥寥可數的現金股利得到回報，甚至有越陷越深的風險。

　　近幾年上市櫃公司透過現金股利之發放試圖營造「高現金股息殖利率」概念股的市場關注題材，投資者在介入相關股票投資之前，務必睜大雙眼、細心分析財務報表軌跡，千萬不要賺了「小利」（股利），卻賠了「大本」（投資本金）！

13

價值股的迷思

　　常常會有財經媒體或機構法人，將股價淨值比較低的股票統計出來，並不分清紅皂白就說，股價淨值接近一倍的股票，就是所謂的「價值股」。這真是一大謬誤的可怕投資觀念。因為公司淨值為按會計成本帳列總資產減掉總負債，若資產價值隨時間提高，公司淨值的潛在價值就不僅為會計帳上的淨值；反之，若公司總資產現值已隨時間減損或無法創造現金收益，則公司會計帳所列每股淨值的真正市場價值就可能連一倍都不到。

　　公司真正的價值決定於其利用資產創造長期淨現金收入的能力，而且最好來自本業的營運活動所創造出來的現金。除非一家企業的資產帳列價值明顯低估，使其資產淨變現價值扣除總負債後，明顯高於股東權益總值；否則，單就會計帳上的每股淨值高低，便論斷股票價格是否低估，或股票是否屬於價值股，是一種相當危險的投資觀念。

　　一家公司，若無法產生超過無風險報酬率的股東權益報酬率，長期而言，其公司價值就不值會計帳上的股東權益淨值，而它的股價淨值比（即每股市價／每股淨值）亦將淪落於一倍以下，長期之後，恐有被要求清算的危機。一家公司的淨值在評估

股票價值時，是否有確實的意義，其決定的因素在於公司的淨值報酬率的高或低。過低的淨值報酬率或負數的淨值報酬率，常會讓公司的股票一文不值。因此，若想透過每股淨值來做為股價高低的評價依據，務必要先瞭解公司的股東權益報酬率（ROE）高低。

　　股東權益報酬率（ROE）、股價淨值比（P/B）之間的關係如下：

固定常數（K）＝股東權益報酬率（ROE）／股價淨值比（P/B）

ROE越高→P/B應越高→股票買價應越高
ROE越低→P/B應越低→股票買價應越低

　　因此，投資人在篩選股票時，當發現一檔股票淨值比很低的股票並考慮逢低買進時，一定要先檢查其股東權益報酬率高或低，或是否處於向上趨勢中，才不會誤買看似便宜，但事實上卻很貴的股票，最終落得投資虧損的下場。

14
別再只靠本益比評估股價

　　首先,大家一定要知道,本益比是股價與公司的每股會計盈餘的對比。姑且不論股價的短期波動常常與公司基本面無法時時契合,公司的每股會計盈餘也只是在會計「應計基礎」的原則下,所產生的會計數字,它並無法完整交待公司的現金流量增減、員工分紅稀釋程度、會計盈餘品質是否良好可靠等問題。因此,只靠本益比高低來研判股價高低的合理與否,是相當危險的投資決策行為。

　　我們以聯發科為例:

表一　聯發科(2454)員工分紅配股(含董監酬勞)對每股盈餘的影響對照表:(2006年為例)

稅後純益(億)	每股EPS(元)	每股市價(元)	稀釋前本益比(倍)	市價取樣日期	佔率(%)	稀釋後每股EPS(元)	稀釋後本益比(倍)
225.8	23.5	599	25.49	2007/7/25	59.47%	9.5	62.89
225.8	23.5	421	17.91	2007/12/31	43.16%	13.4	31.52
225.8	23.5	348	14.81	2008/1/11	36.48%	14.9	23.31

表一中，經考量員工分紅配股及董、監酬勞後，該公司的每股EPS大幅下降。由此可見，對實施高員工分紅配股的公司而言，其依台灣過去會計慣例所結算出的每股會計盈餘，並不十分客觀。當然，該公司的實質本益比就會產生明顯低估情況。

表二	聯發科（2454）員工分紅配股（含董監酬勞）對每股盈餘的影響對照表：（2007年前三季預估為例）							
2007年（估）稅後純益（億）	每股EPS（元）估計值	每股市價（元）	稀釋前本益比（倍）	市價取樣日期	佔率（%）	稀釋後每股EPS（元）	稀釋後本益比（倍）
363.72	35.3	599	16.97	2007/7/25	59.47%	14.3	41.86
363.72	35.3	421	11.93	2007/12/31	43.16%	20.1	20.98
363.72	35.3	348	9.86	2008/1/11	36.48%	22.4	15.52

註：
1. 2007年每股EPS以2007年前三季推估。
2. 員工分紅配股以2006年盈餘分配的稀釋比例推估。

表二，在未經考量員工分紅配股及董、監酬勞前，當股價跌至350元以下時，該公司的本益比下降至10倍以下，股價似已進入相當低價圈。但是，若假設該公司按2006年員工分紅配股的比例標準，則其本益比立刻提高到15.52倍，並不是特別的低。

由員工分紅配股角度深入看本益比高低，大家很容易看清楚實際情況。但是，除了員工分紅問題外，盈餘品質與現金流量的穩定性也是重要影響本益比高低的因素。

15

實施庫藏股所代表的意義

　　首先，我必須強調的是，一家公司的長期價值決定於該公司長期穩定創造淨現金流入（現金流入減支出）的能力；至於，影響短期股價的因素及訊息，因種類不勝凡舉，且牽涉從事短期交易的投資人之資訊解讀能力與心理狀態，在實證研究上，鮮少能找到足以讓人完全信服的案例。

　　在某些學術研究上，發現庫藏股的訊息對短期股價確實產生一定程度的正面激勵，但因選擇的樣本及期間侷限於某一特定範圍內，在本質上，並無法提供投資人做為投資決策的有效參考。若再縮小至某特定個股上，其做為預測股價多空的有效性恐怕更無法讓人放心。

　　在我國證交法第28-2條明白說明一家公司實施庫藏股，主要可能有三大目的：

1. 買進自家公司股票準備於未來轉讓股份予員工。（有實施員工認股權公司）

2. 配合公司發行衍生性股權有價證券，在特定條件下供作股權轉換之用。（如可轉換公司債、附認股權公司債或特別股等等）

3. 捍衛公司股價及減資。（護盤或準備減資）

這三大目的，經營者如果站在維護眾多股東利益上考量，均不失為一立意良善的政策。但是，再好的政策若遇到居心不良的經營者，都會成為被操弄的工具。

公司是否要實施庫藏股，並不必經股東會決議，證交法規定：「……得經三分之二董事之出席及出席董事二分之一同意，……買回其股份，……」，由此可知，誰掌握了董事會多數，就可以決定要不要動用公司現金進行買回庫藏股。

但是，若公司經營者取得董事會席次，主要靠收集委託書等議事技巧而取得經營權，成為低持股比例經營者，便有可能因下列情事，而在董事會中通過以公司現金實施庫藏股，為自己利益進行護盤：

1. 因公司股票成交量及流通性不足，但為替特定股東出脫持股而決定實施庫藏股。
2. 董監事等經營者持股已有很高比例質押於金融機構，在股價大跌後，面臨必須增補擔保品數量或可能遭金融機構斷頭賣股求償的窘境。

因此，投資人在看到一家準備實施庫藏股公司的訊息時，請先冷靜看一下公司股票價格相對高低及成交量後，一定要再到「公開資訊觀測站」的網站，查詢「董監股權異動」中之董監事持股明細及質押情況。遇到股票成交量不大，或董監事持股質押太高的公司，千萬不要以為公司實施庫藏股，外部投資人就可以搭個順風車。到頭來，可能得不償失，討不到任何好處。

16

公司買回股票實施庫藏股與大股東買回股票的不同意涵

公司實施庫藏股之目的依我國證交法規定，其目的主要有三：轉讓股票給員工、提供衍生性金融工具轉換之用、捍衛股價或減資等三種。判斷公司實施庫藏股是否為正面訊息之解說內容，已於前題說明，以下擬就庫藏股與大股東或內部人（含董監事、大股東或公司經理人）買回自家公司股票，對外部投資人釋放出的訊息意義，做一簡要說明：

1. **資金來源不同**：庫藏股資金來自公司內部，因此，實施庫藏股將使公司營運資金減少，減弱公司資金調度能力；大股東及內部人買回公司股票，則是公司股東個人投資行為，與公司資金無涉，不致對公司造成影響。

2. **利害關係人不同**：公司買進庫藏股後，公司股價若在未來下跌，則其股價下跌損失，將由公司的資本公積或保留盈餘及當期盈餘充抵，實質上，損益由全體股東按最新持股比率承擔；大股東買回公司股票，其未來損益則完全由其自行負責。

3. **對股價的支撐效應：**無論是何種方式，股票實質買盤增加均會自然增強股價的支撐力量。

4. **對公司未來營運信心之態度可能不同：**董監事透過買回庫藏股未必是站在絕大部份股東的利益思考；但大股東及內部人用自有資金買回自家公司股票，通常代表公司經營者及內部人對公司長期營運充滿信心，或是認為股票價格已跌落長期公司價值之下。

由上面說明可知，當公司宣佈實施庫藏股時，投資人不要以為公司大股東對自家公司股票價格的態度已完全多空改變，並將化為實際行動，其可能是別有用心、圖謀私利的詭計；但是，當您看到公司大股東或內部人持股比率，持續於股價低檔之際，穩定向上提升時，除證明大股東財務能量充沛外，通常也是長期股價已進入相當便宜的「物美價廉」階段，投資人一定沉住氣，千萬不要隨市場悲觀氣氛將股票賣在長期相對低點，成為名符其實「追高殺低」的長期輸家。

PS：查詢公司董、監事、內部人持股餘額變動程序，先上「公開資訊觀測站」官方網站→點閱「董監股權異動」項目，即可查到上市櫃公司之上述詳細資訊。

17

由貨幣供給額觀察股市資金面強弱

　　股市資金面的強弱確實是股市能否維持多頭行情的重要因素，其上游源頭為國內貨幣供給額的變化，而影響國內貨幣供給額高低之因素，除受國際收支帳順差或逆差決定國內貨幣發行之外匯準備高低外，也受央行貨幣的寬鬆或緊縮貨幣政策影響。

　　衡量國內市場資金量多寡、最簡單而容易為大家了解的為貨幣供給額年增率的變化。我國衡量貨幣供給量最常使用的定義共有下列三種：

　　M1A＝通貨淨額＋企業及個人（含非營利團體）在貨幣機構之支票存款及活期存款。

　　M1B＝M1A＋個人（含非營利團體）在貨幣機構之活期儲蓄存款（目前只有個人及非營利團體可以開立儲蓄存款帳戶）。（與股市交易量高度相關）

　　M2＝M1B＋準貨幣（包括企業及個人在貨幣機構之定期性存款與外匯存款，郵匯局吸收之郵政儲金總數，企業及個人持有貨幣機構之附買回交易餘額，以及外國人持有之新台幣存款）。（衡量貨幣供給總量）

其中M1A及M1B均屬於俗稱的「狹義貨幣」，而M2則為「廣義貨幣」。中央銀行對貨幣數量的調控通常以經濟成長率高低訂定M2年增率的目標區，我國目前M2年增率目標區為2.5%至6.5%之間，中間值為4.5%。而我國M2及M1B年增率歷年變動圖如下：（至2008年11月）

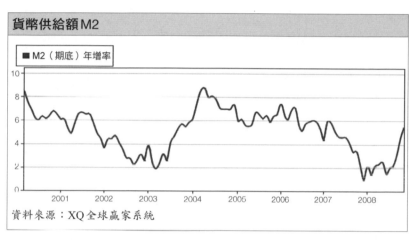

貨幣供給額 M2

■ M2（期底）年增率

資料來源：XQ全球贏家系統

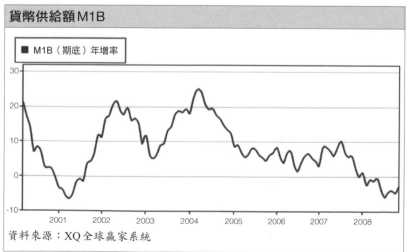

貨幣供給額 M1B

■ M1B（期底）年增率

資料來源：XQ全球贏家系統

　　至2008年11月，我國M2年增率為5.51%、M1B年增率為−2.82%。廣義貨幣總量年增率仍高於央行目標區中間值，可見我國貨幣供給額並不缺乏；然而，與股市交易量高度相關的M1B年增率，卻已呈現連續10月負成長，這顯示國內資金由活期性存款轉移為定期性存款，為M1B年增率呈現負成長的主要原因。

　　觀察M2、M1B年增率與股價指數變動對照圖如下：

貨幣供給與加權指數

■ 加權指數（月底值）　■ M1B　■ M2

資料來源：XQ全球贏家系統

　　由上圖可知，在2005年以前，M1B年增率與股價大盤指數呈現亦步亦趨，但彼此先後關係並不是一成不變。2005年以後，一直到2007年，其實M1B年增率只維持小幅度成長，但股價指數仍震盪走高，股市甚至連續走出五年長多格局，只是並未出現急漲行情。由此可知，較高的M1B年增率將有助於股價指

數向上波動，但只要企業盈餘持續成長，M1B維持穩定正成長便足以推升股價指數。然而，觀之2000年12月至2001年8月，當時M1B年增率曾連續出現9個月負成長，大盤指數從2000年的10,393點，最低來到2001年的3,411點。對照2008年初，M1B年增率已出現連續10個月負成長率。因此，台股指數若欲重返多頭格局，則首先M1B年增率必須由負轉正，甚至超過M2年增率，台股方能再現多頭風華。

18

從貨幣供給額年增率變動尋找投資機會

　　以下圖為例，至2008年12月為止，國內貨幣供給年增率無論M2或M1B均往對股市正面的方向進展；M2年增率已從2008年6月的1.46%上升至7.0%、M1B年增率則從2008年7月的−5.91%縮小至−0.81%，兩者均已出現向上攀升趨勢。M2年增率迅速攀高代表國內貨幣存量充沛無虞，但因M1B年增率仍為微幅負成長，顯示龐大的資金停泊在定期性存款等保守型商品的趨勢仍未扭轉。但若從資金面的角度思考，若市場信心隨經濟基本面復甦，則蘊釀台股長期多頭的資金量能將十分充沛。

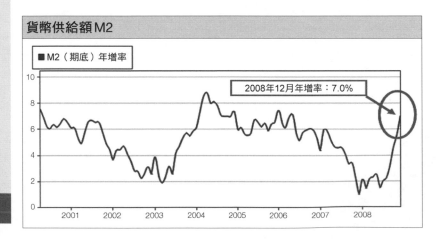

貨幣供給額 M2

■M2（期底）年增率

2008年12月年增率：7.0%

M2（期底）年增率——數據明細			單位：%
期間	數據	期間	數據
2008/12	7.00	2007/12	0.93
2008/11	5.51	2007/11	2.15
2008/10	4.55	2007/10	3.40
2008/09	3.12	2007/09	3.33
2008/08	2.22	2007/08	4.07
2008/07	2.00	2007/07	4.59
2008/06	1.46	2007/06	4.57
2008/05	2.50	2007/05	4.65
2008/04	2.29	2007/04	5.10
2008/03	2.16	2007/03	5.78
2008/02	1.43	2007/02	5.95
2008/01	2.15	2007/01	4.37
資料來源：XQ全球贏家			

貨幣供給額M1B

■ M1B（期底）年增率

2008年12月年增率：-0.81%

M1B（期底）年增率——數據明細			單位：%
期間	數據	期間	數據
2008/12	−0.81	2007/12	−0.03
2008/11	−2.81	2007/11	2.40
2008/10	−4.74	2007/10	5.90
2008/09	−4.04	2007/09	5.67
2008/08	−4.43	2007/08	7.03
2008/07	−5.91	2007/07	10.19
2008/06	−4.10	2007/06	8.15
2008/05	−0.54	2007/05	6.00
2008/04	−1.30	2007/04	7.41
2008/03	−0.90	2007/03	8.43
2008/02	−2.42	2007/02	8.32
2008/01	1.11	2007/01	3.15
資料來源：XQ全球贏家			

　　投資人在貨幣供給額變化的後續觀察，應密切注意兩個重點：第一，廣義貨幣供給額M2年增率是否持續往上攀升，因它是長期資金動能的蓄水庫，在利率水準持續下降之下，這些資金將成為未來股市的潛在買盤來源。第二，狹義貨幣供給額M1B年增率是否能轉為正成長，並縮小其年增率與M2的差距，此部份讀者可配合定期存款及活期存款年增率變化，進行追蹤觀察。

　　若上面兩個重點都是朝著正向發展，則台股擺脫空頭糾纏的機會就會提高；而若M1B年增率超過M2年增率，台股重新回到長線多頭格局的機會將大增。

19

降息對市場的影響

影響股價的因素錯縱複雜,絕非單一因素可以完全主導。但總其變數大致可以用簡單的兩人面向來加以說明:

1. **股票發行公司長期替股東創造可分配盈餘的能力強弱**

   這部份決定於公司創造穩定或具成長性的現金能力,除受經營者能力所左右外,也受外在總體經濟及產業循環榮枯所影響。優良的公司股價雖於總體經濟景氣循環收縮期也將下跌,但其股價也將於景氣復甦期再度回升甚至續創高峰。

2. **金融市場的資金量潮多寡及市場氣氛**

   中央銀行採取寬鬆政策調降利率,或向市場直接注入資金,可以讓市場「潛在買盤力量」增強,卻未必可以讓市場價格立刻產生上漲力量,更遑論降息是否可立即激勵股價上漲。因為,驅動市場資金投資方向的決定權在資金擁有者而非各國央行,而資金擁有者是否願意買進股票,除受第一點影響外,尚決定於市場多空氣氛及其對未來經濟景氣強弱的主客觀預期。市場絕大部份投資人都是市場當

下氣氛的接收者，也鮮少具有力抗群體的獨立分析能力；因此，當市場多空趨勢形成，股票價格就可能超漲或超跌。資金量潮在上升趨勢中可以產生推波助瀾功能，在下跌趨勢中卻未必能產生激勵股價的立竿見影效果。

由上面說明可知，股票價格長期趨勢決定於公司創造可分配盈餘的能力，而盈餘的增減變動又受外在總體經濟景氣波動的影響；資金量潮形成「潛在買盤力量」，而驅動買盤動力的引信則是市場趨勢與投資氣氛。

以美國為例，美國聯準會上次降息循環始於西元2001年1月，當時聯準會主席葛林斯班將維持8個月不動的聯邦資金利率從6.5%降低至5.5%，隨後連續12次降息，將聯邦資金利率降至1.0%，直到2004年6月將聯邦資金利率反向調高至1.25%，聯準會貨幣政策才真正轉向。降息循環約長達3年半，美國道瓊指數走完空頭市場走勢，進入另一多頭市場循環的第一根長紅月K線則出現在2003年4月，也就是聯邦資金利率出現最低點前的第二個月。由此可見，股價指數低點出現在降息循環的末期或相對谷底區，當降息環境尚未改變前，通常也隱含股票市場空頭走勢仍未結束。

由此觀之，在股票空頭市場之中，降息對股市只能說不是利空，但要在降息循環尚未真正進入末期（至少一季不再繼續降息），就把它當利多看待，恐怕會大失所望。

投資人只能耐心等待伴隨持續多次降息的景氣收縮循環期快點結束，屆時，透過多次降息累積而來的資金量潮，就能在股票多頭循環中成為股票價格的推升力量。

20

失業率是否能夠判斷股市走勢？

　　很多人都知道，失業率在眾多總體經濟指標中，屬於落後性指標，但卻對經濟指標與市場實際情況，沒有任何概念。以下先以我國股價指數與失業率走勢圖，做一對照分析，讀者就可以對失業率在股票投資實務之應用上，有更深一層的認識。

圖一　台股指數月線圖與失業率走勢對照圖

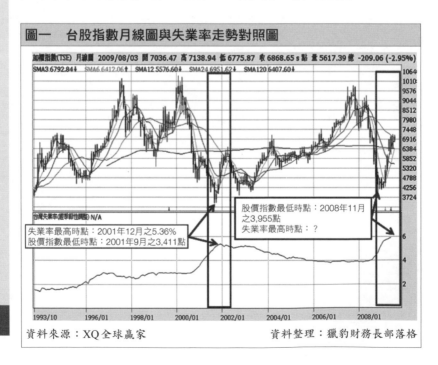

加權指數(TSE)　月線圖　2009/08/03　開 7036.47　高 7138.94　低 6775.87　收 6868.65 s 點　量 5617.39 億　-209.06 (-2.95%)
SMA3 6792.84↓　SMA6 6412.06↑　SMA12 5576.60↓　SMA24 6951.62↓　SMA120 6407.60↓

台灣失業率(產季新生調整) N/A

失業率最高時點：2001年12月之5.36%
股價指數最低時點：2001年9月之3,411點

股價指數最低時點：2008年11月之3,955點
失業率最高時點：？

資料來源：XQ全球贏家　　　　　　　　　　　　資料整理：獵豹財務長部落格

由上頁圖一可知，西元兩千年科技泡沫時期，台股指數從2000年2月最高點的10,393點，下跌至2001年9月最低點的3,411點。然而，同期間，國內失業率雖因經濟景氣陷入衰退而走高，最高來到5.36%，但其出現的時間點，卻在2001年12月，落後於股價指數最低點，達3個月之久。

此波由歐美國家不動產泡沫破滅引起的金融海嘯，導致全球陷入1930年以來，最大的經濟衰退危機，台股自難置身事外，股價指數從2007年10月的9,859點，下跌至2008年11月之3,955點。台股自3月突破4,000點後，即一路震盪走高，而此同時，國內失業率卻也一路走揚，至6月仍持續創新高。

由上面說明，讀者可以看到失業率確實落後於經濟領先性指標之股市反應，而且，時間性長短也沒有明顯規律性。因此，就我國市場實務而言，失業率走高並不代表股市就會跌；反而，當失業率出現由高峰反轉而下時，通常是經濟景氣復甦後的正常現象，此時，股市真正的長期多頭上漲波，也就此展開。

再從下頁圖二美股S&P500與其失業率走勢對照分析，同樣發現，當經濟景氣衰退，促使失業率走高，但其波段高點之出現之時間點，同樣落後於股價指數最低點一段不等的時間。再度印證，失業率在股票市場的應用上，其屬於落後性指標之特性。

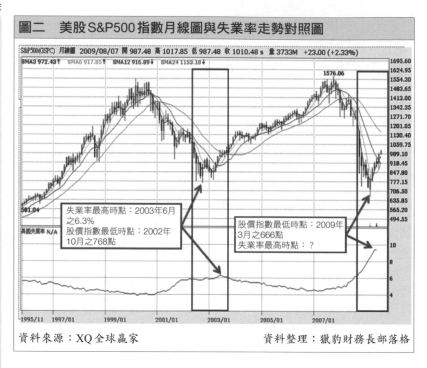

圖二　美股S&P500指數月線圖與失業率走勢對照圖

失業率最高時點：2003年6月之6.3%
股價指數最低時點：2002年10月之768點

股價指數最低時點：2009年3月之666點
失業率最高時點：？

資料來源：XQ全球贏家　　　　　　　資料整理：獵豹財務長部落格

　　影響股市多空之因素，錯縱複雜，舉凡市場資金多寡、投資人心理變動、總體經濟趨勢及個體企業盈虧增減，均將對股價指數漲跌，造成不同程度影響。投資人千萬不可以為，單一經濟指標可以解釋全部市場現象，更何況失業率又屬於判斷景氣榮枯之落後性指標。

21

反向投資思考和逆向操作，與一般人所說的「順勢操作」有何不同？

　　反向操作者有兩種判斷依據。一為利用基本分析與企業評價結果，來決定是否在股價大跌、市場氣氛充滿悲觀時，做出反向買進的投資決策；另一則為利用技術分析來判斷股價長期下跌趨勢是否已進入超賣區，並出現趨勢反轉的訊號，再做出買進動作。

　　這兩者的相同處，都是在市場相對悲觀時做出買進動作，並在上升趨勢中與大部份的投資人站在同一陣線（順勢操作）；但是，他們絕不會在股價超過基本評價或市場一致性過度樂觀氣氛中（例如融資餘額暴增時），追高價格買進股票。

　　安東尼・賈利亞（Anthony M. Gallea）在《投資大師語錄》中有一段話發人深思：「反向投資是孤單寂寞的旅途，但在旅途的終點有利潤等著你。」

　　投資人在進入金融市場後，真正主導其投資決策思考的重心，往往不是投資標的創造盈餘的能力，或其與股價高低的關係；反而，市場的氣氛才是促使他們買賣的原動力。因此，當市場轉為上漲趨勢後，股價漲幅越大，成交量就會越大，此正說

明，對大部份投資人而言，股價是否便宜往往並非其買進的理由，真正的理由是他想跟大家一樣站在買方，享受股價持續推高的樂趣與快樂。

因為喜歡追求快樂，並站在多數人的一方，因此，飛漲的股價並無法阻擋其買進的決心。此與一般正常投資邏輯思考，即「投入成本越高，投資報酬將越低」，完全背道而馳，只因短期股價其實絕大部份時間內，都是當時參與交易者的交易心理，及市場資金多寡所決定出來的，與公司創造盈餘的能力沒有太大關係。如果知道了這一點，投資人就不會費盡心思想要解釋那一家公司股票為何最近會漲或會跌了；除非公司營運數字真的起了變化，否則何必大費周章每天關心其股價細微的波動？

對一般外部投資人而言，如果您夠精明，其實是可以從股票買賣投資中賺到比內部經營者更高的報酬，因為，短期股價長年不斷波動，會沿著公司創造盈餘能力推估出的價值線上下波動前進；您不必在意是否能準確算出企業股價，因為它並不真正精準存在，只要合理估算出相對位置，就足以讓您踏上成功致富之路。

但是，踏上成功致富之路的人，並非人人可以一路順遂並成為真正的富豪。因為，能在投資市場中，不計較短期毀譽及承受外在環境高度的不認同者，必定要承受內心極度的煎熬，唯有能忍受並體會孤獨冷絕的心境，方能從絕地中破繭而出，享受喜樂！在孤獨冷絕的道路上，狐惑與鬼魅勢必如影隨行。此時，有價值投資信仰者，將昂首闊步一路向前行；心中沒信仰者，隨時可能再度誤入歧徑，或惶惶不知所措，終致人賠收場。

第二篇

標的選擇與操作篇

1

如何選擇好標的做投資？

　　一般人都知道買股票要選擇所謂的績優股或成長股，顯然大家對選股標準要以好公司及好產業為重要考慮因素應都略知一二，教科書上也告訴我們，好的投資標的要有幾個重要條件：(1)好的產業；(2)財務數字可信度高；(3)擁有好的管理者；(4)目前股價偏低等四項條件（參見政大吳啟銘博士著《企業評價》）。另華倫‧巴菲特如何挑選好股票呢？下面三點結合：(1)公司獲利高；(2)管理者以股東權益為決策考量；(3)目前股價偏低等三大要件。

　　好公司的定義每個人都不一樣，有人說公司企業形象要好，也有人說公司要排名前100大，甚至有人說老闆要年輕有衝勁，但對筆者而言，只要求兩樣，第一，財務透明且獲利佳，第二，經營者能力及操守沒問題。我相信大部份的人對好公司的定義不會差異太大。

　　那什麼是好產業呢？每個人對好產業的定義都不同，但都脫離不了一個中心點，這個公司要會賺錢才是好產業。好的產業不見得要艱深難懂的產業，任何產業或公司都會有一個生命週期，盡可能避開產業景氣或公司生命週期的成長高原期或衰退期，並

且選擇自己懂得的產業，除非真的了解公司產品，否則對一知半解的產業，寧可暫時先避開。

已經選了好產業，也挑了好公司後，應該可以高枕無憂了吧？如果你這麼認為，可能將大錯特錯。營收公佈連續創新高的股票跌幅名列前茅者往往比比皆是，但這些公司股價卻常常快速下跌。投資者必須認清一個事實，公司的獲利與股價長期一定要取得一定對等關係，否則您就不要抱怨股價波動為何不照自己的預期來走，更不要怪不肖媒體為何與上市櫃公司掛勾引誘您高價買進套牢！

癥結點出在那兒呢？媒體大師嚷嚷好的公司及好的產業，他們絕口不提是不是好的股價，其實他們心裡真正想說的是：「我已經買了一缸的股票就是好股票啦，你們趕快買吧！」至於當下是不是好股價可不是他們想討論的。

彼得林區在《選股戰略》一書中把股票分為幾大類型，每種類型股票都可能使投資人賺到錢，因此不見得要是轉機股或快速成長股，但重點是您用多少股價買進該公司的股票，因此無論教科書或巴菲特均強調，買進偏低市價公司股票之重要性。

你可以選錯產業，也可以選錯公司，運氣好的時候還是可能賺到錢，但您要是只選對產業及選對公司，對不起，您就要有超強的耐心或套牢的心理準備，至於如果選錯了前兩樣，後面股價也選錯了，那我勸您早一點離開股票市場，也千萬不要去聽名嘴大師演講，沒事幹比賠錢好！

2

媒體報導營收創新高，
跟隨買進身陷套牢，問題出在哪？

　　這是一個很好且實在的市場實務操作問題，我相信也是很多讀者心中存在已久的疑問。我分兩大點來回答。

第一、一般媒體只是市場資訊傳遞者並非資訊的解讀者。

　　媒體只負責包裝及放送上市櫃公司所公佈的訊息，為刺激讀者的閱讀慾望，進而花錢消費媒體商品，它總是設法以最辛辣直接的標題來吸引讀者的注意；但是，媒體卻不負責對投資市場所報導的相關資訊，有客觀、超然、正確的解讀義務。因此，投資人就像抽煙成癮的人一樣，長期以往的經驗一再警告他，依據媒體浮面報導的投資結果，常常以大賠收場，但卻還是樂此不疲。會產生如此情況的原因，其實只因為投資人在充滿人性貪婪、恐懼、畏縮、狐疑的投資市場中，無法培養自己對資訊的解「毒」（讀）能力，以致容易被市場氣氛所影響，不由自主、慢慢踏入股票市場的投資陷阱。

投資人在心理層面總是對最近期、即時出現在眼前的資訊，快速做出反應。孰料，公司單月營收資訊往往只是一家公司連續性營運軌跡的一個點，無法完整地呈現公司的全貌。

反應股票價格的資訊，錯縱複雜、前後雜踏，姑且不論一般投資人對營收的解讀能力是否足夠，在資訊傳遞次序上，外部投資人亦常處於不對等的地位上。當公司內部人同時成為股票市場短期投機交易者時，投資人將很難從每月的立即營收資訊，討到太多便宜。因此，一家公司每月營收數字對投資決策的價值，絕不只是絕對數高低問題，必須透過營收資料的連續性觀察及分析，才能將資訊轉化為有用的投資判斷參考依據。

第二、如何分析營業收入變動對股票價格的影響？

這需要大家平常勤於對自己追蹤的股票做一點功課，但有下面要點提供您參考：

營收連續性變動趨勢重於短期營收的絕對數高低

財經媒體總是喜歡報導，某某公司營收創新高或成長多少又多少，但卻鮮少告訴我們公司的營收趨勢如何。為什麼要探討營收趨勢呢？因為趨勢是一段時間的統計軌跡，但短期營收的變化卻極可能因少數客戶下單量劇烈波動、或特殊季節因素，而使單月營收出現變化。因此，追蹤觀察公司的營收變化，必須掌握營收變動趨勢重於短期營收絕對數高低的重要原則。在市場實證上，單月營收或許可造成極短期的價格波動，但若無法扭轉早已

形成的長期營收變動趨勢，就可能緊接著出現更大幅度、反方向的股價波動，修正原來短期的價格波動。

累積營收年增率對於股價的敏感度大於單月營收年增率

為便於說明，筆者謹以明基、佳世達（2352）的營收資料來說明。

第一個圖所呈現的是該公司最近八年單月的營收數字，及它的單月營收年增率趨勢線圖：

從上圖，我們很容易誤認該公司最近四年營收只是上下波動，很難看出異狀，甚至可能在短期營收出現高檔時，誤買該公司股票，而遭長期套牢。

第二個圖所呈現的是該公司最近八年每月累計營收年增率的變化圖：

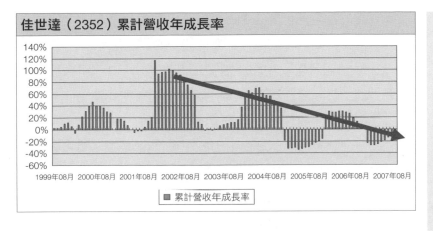

佳世達（2352）累計營收年成長率

由上圖，就可以發現，該公司的營收成長動能，從2002年下半年後，就已初露疲態，這種型態的累積營收年增率對公司股票價值是負向的，不會因短期一兩個月營收突然走高而改變。

長、短期平均線的融合分析可幫助了解景氣的整體榮枯

首先，我們先將所追蹤公司的3個月及12個月平均營收資料建檔（在相關財經網站可以直接找到公司最近幾年每個月營收資料），就可以按下列方式應用在股票投資決策上：

(1) 當3個月營收平均線及12個月營收平均線同處於上升軌道，且3個月營收平均線的上升仰角度（斜率）高於12個月營收平均線時，代表該公司營運不僅處於成長期，且短期營運動能持續轉強中。此時，風險承受能力強者，無論3個月營收平均線是否位於12個月營收平均線之下，均應買進股票，或持續持有已買進的股票；較穩

健的投資人，則在3個月營收平均線由下方向上穿越12個月營收平均線時，才進行積極的買進動作。

(2) 當12個月營收平均線處於上升軌道，但3個月營收平均線卻從高峰反轉而下，代表該公司短期營運動能初步轉弱。應先局部賣出該公司股票，觀察3個月營收平均線下滑是否為短期現象，等到出現(1)的情況，再重新加碼買進該公司的股票。

(3) 當3個月營收平均線從高峰反轉而下，且跌破12個月營收平均線，若12個月營收平均線上升的仰角度（斜率）開始轉為下降，或趨勢也出現與3個月營收平均線同樣的下滑情況，則應斷然出清股票（如下圖中的圓圈標示處），等到出現(1)的情況，再重新買進該公司的股票。

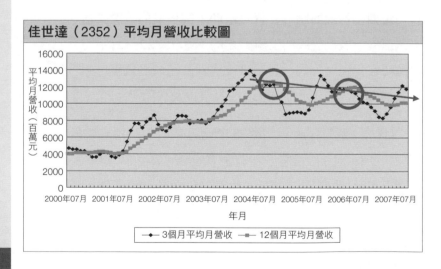

佳世達（2352）平均月營收比較圖

該公司從2004年下半年後，不僅3個月營收平均線出現下滑情況，甚至帶動12個月營收平均線也反轉下彎，此後雖有反彈，但均無法再過前高（如紅色線所示）。表示其長期營運動能於2004年下半年後已確定轉弱，此時，對該公司的營收動能就應該以更小心謹慎態度看待，千萬不可因短期一兩個月營收向上波動，加上財經媒體報導的推波助瀾，就不明就理地進行買進股票的動作。

至於您如果又問我何時可以買進該公司股票呢？我可以告訴您，持續勤奮追蹤的投資人，就可以在該公司正式反轉回升時找到答案！

3

透過財報與營收分析選擇投資標的

損益報表及資產負債表的編製都是以「權責發生基礎」（又稱應計基礎）為基本假設前提，因此，投資人除了應關心損益報表所呈現出來的會計盈餘高低外，更應了解如何透過資產負債表配合損益表所編製出的現金流量表，才能洞悉公司損益報表呈現出來的公司獲利，是否有被不肖經營者操弄的可能。

一般投資人在看公司的財務報表時，最關心也常常最想了解的是，自己有興趣的公司每股獲利多少？也就是一般所稱的每股盈餘（每股EPS）。但每股盈餘其實就是按「應計基礎」所計算而來，它不代表每股可以賺到的現金水準，況且，每股盈餘尚含有非本業營運所創造出的非常態性收入，這些非常態性收入很容易使投資人誤認公司營運大幅好轉，因而付出過高的價格買進該公司股票。

筆者建議，當您拿到公司的損益報表時，先了解幾件事：第一，該公司在這段期間的累積營收相較去年同期，其成長率（俗稱YOY成長率）是多少？第二，該公司在這段期間的本業營業利益相較去年同期，其成長率是多少？第三，比較一下兩個成長率，是否後者大於前者，若不是，可能是公司本業獲利能力並沒

有真正改善。最後再比較一下，從年初至最近一個月的累積營收年增率是否大於會計損益表中的累積營收年增率？若不是，可能就是營收動能轉弱的徵兆。

以下以上市櫃公司2008年4月營收創新高的公司（共68家）為範例進行說明：

1. 先將2008年第一季營業利益年成長率低於營收年成長率的公司去除，結果，2008年4月營收創新高的68家公司，馬上下降為34家公司如下：

股票名稱	季營收 (YOY%) =A	季營業 利益 (YOY%) =B	獲利性 比較 (%) =B−A	1～4月 (YOY%) =D	累積營收 趨勢 =E=D−A	近四季 ROE (%)
3519綠能	186.76	4,856.19	4669.43	155.73	(31.03)	31.29
5102富強	34.06	3,105.72	3071.66	44.26	10.20	5.64
6248沛波	63.21	743.78	680.57	62.53	(0.68)	−2.83
2017官田鋼	20.27	654.66	634.39	32.05	11.78	−10.18
1704榮化	3.37	359.08	355.71	12.22	8.85	12.4
4106雅博	21.12	369.11	347.99	22.56	1.44	16.46
3061璨圓	76.49	221.21	144.72	67.15	(9.34)	9.38
3202樺晟	59.66	197	137.34	72.11	12.45	3.78
3545旭曜	61.6	193.77	132.17	57.10	(4.50)	19.66
1532勤美	39.79	160.84	121.05	63.81	24.02	8.74
2010春源	13.23	111.67	98.44	22.11	8.88	6.19
1727中華化	77.18	174.95	97.77	78.95	1.77	6
2103臺橡	18.74	108.19	89.45	24.15	5.41	29.46

（續）

股票名稱	季營收 (YOY%) =A	季營業 利益 (YOY%) =B	獲利性 比較 (%) =B–A	1～4月 (YOY%) =D	累積營收 趨勢 =E=D–A	近四季 ROE (%)
6158 禾昌	33.3	120.99	87.69	37.59	4.29	13.77
3481 群創	38.68	122.61	83.93	37.74	(0.94)	27.2
1712 興農	23.37	107.18	83.81	23.32	(0.05)	6.38
1522 堤維西	14.75	94.45	79.70	12.99	(1.76)	9.57
5013 強新	11.72	77.15	65.43	20.60	8.88	11.81
2014 中鴻	8.76	73.62	64.86	13.77	5.01	19.69
2015 豐興	44.27	97.64	53.37	43.60	(0.67)	22.08
6170 統振	–3.21	30.7	33.91	4.58	7.79	13.46
3057 喬鼎	92.15	125.94	33.79	101.07	8.92	6.03
6282 康舒	31.8	64.28	32.48	39.60	7.80	12.09
2013 中鋼構	34.41	66.74	32.33	53.15	18.74	8.21
3491 昇達科	90.38	115.44	25.06	101.28	10.90	25.77
3416 融程電	43.14	64.19	21.05	51.23	8.09	30.36
2012 春雨	15.46	33.38	17.92	20.85	5.39	4.24
3207 耀勝	27.21	41.73	14.52	30.25	3.04	–0.59
1718 中纖	–6.69	5.62	12.31	4.55	11.24	9.78
5426 振發	2.71	7.43	4.72	13.70	10.99	11.74
1723 中碳	25.18	28.1	2.92	30.97	5.79	31.7

2. 接下來，將2008年前4個月累積營收年增率低於第一季累積營收年增率的公司（代表其營收動能趨緩），再從分析的名單中去除，再進一步下降至僅剩23家如下：

股票名稱	季營收 (YOY%) =A	季營業利益 (YOY%) =B	獲利性比較 (%) =B–A	1～4月 (YOY%) =D	累積營收趨勢 =E=D–A	近四季 ROE (%)
1532 勤美	39.79	160.84	121.05	63.81	24.02	8.74
2013 中鋼構	34.41	66.74	32.33	53.15	18.74	8.21
3202 樺晟	59.66	197	137.34	72.11	12.45	3.78
2017 官田鋼	20.27	654.66	634.39	32.05	11.78	–10.18
1718 中纖	–6.69	5.62	12.31	4.55	11.24	9.78
5426 振發	2.71	7.43	4.72	13.70	10.99	11.74
3491 昇達科	90.38	115.44	25.06	101.28	10.90	25.77
5102 富強	34.06	3,105.72	3071.66	44.26	10.20	5.64
3057 喬鼎	92.15	125.94	33.79	101.07	8.92	6.03
5013 強新	11.72	77.15	65.43	20.60	8.88	11.81
2010 春源	13.23	111.67	98.44	22.11	8.88	6.19
1704 榮化	3.37	359.08	355.71	12.22	8.85	12.4
3416 融程電	43.14	64.19	21.05	51.23	8.09	30.36
6282 康舒	31.8	64.28	32.48	39.60	7.80	12.09
6170 統振	–3.21	30.7	33.91	4.58	7.79	13.46
1723 中碳	25.18	28.1	2.92	30.97	5.79	31.7
2103 臺橡	18.74	108.19	89.45	24.15	5.41	29.46
2012 春雨	15.46	33.38	17.92	20.85	5.39	4.24
2014 中鴻	8.76	73.62	64.86	13.77	5.01	19.69
6158 禾昌	33.3	120.99	87.69	37.59	4.29	13.77
3207 耀勝	27.21	41.73	14.52	30.25	3.04	–0.59
1727 中華化	77.18	174.95	97.77	78.95	1.77	6
4106 雅博	21.12	369.11	347.99	22.56	1.44	16.46

3. 最後，再把股東權益報酬率（ROE）偏低（本例以最近四季低於10%）的股票從名單中去除，最後就剩如下12家公司：

股票名稱	季營收 (YOY%) =A	季營業 利益 (YOY%) =B	獲利性 比較 (%) =B-A	1～4月 (YOY%) =D	累積營 收趨勢 =E=D-A	近四季 ROE (%)
1723 中碳	25.18	28.1	2.92	30.97	5.79	31.7
3416 融程電	43.14	64.19	21.05	51.23	8.09	30.36
2103 臺橡	18.74	108.19	89.45	24.15	5.41	29.46
3491 昇達科	90.38	115.44	25.06	101.28	10.90	25.77
2014 中鴻	8.76	73.62	64.86	13.77	5.01	19.69
4106 雅博	21.12	369.11	347.99	22.56	1.44	16.46
6158 禾昌	33.3	120.99	87.69	37.59	4.29	13.77
6170 統振	−3.21	30.7	33.91	4.58	7.79	13.46
1704 榮化	3.37	359.08	355.71	12.22	8.85	12.4
6282 康舒	31.8	64.28	32.48	39.60	7.80	12.09
5013 強新	11.72	77.15	65.43	20.60	8.88	11.81
5426 振發	2.71	7.43	4.72	13.70	10.99	11.74

　　經過上面三個步驟，投資人可以將2008年4月營收創新高的公司縮小為12家，但是否代表這些公司一定是績優或是股票價格低估的公司？非也。投資人一定要再深入探究該公司的現金流量及盈餘品質優劣，才能判別這些公司中那些公司才是真正值得買進的好公司。當然，經過此篩選程序後的營收創新高公司，其本業獲利性及營收成長趨勢，顯然比其他公司來得穩健。

從財報角度簡單選股的三大重要面向

好的投資標的要有幾個重要條件：(1)好的產業；(2)財務數字可信度高；(3)擁有好的管理者；(4)目前股價偏低等四項條件。另股神華倫·巴菲特如何挑選好股票呢？下面三點結合：(1)公司獲利高；(2)管理者以股東權益為決策考量；(3)目前股價偏低等三大要件。這些是選股的大原則，至於在取得財務報表之後，投資人如何進行選股呢？筆者提供幾個切入面向，分別說明如下：

一、從營收成長動能選股

觀察上市櫃公司之營收變化，不要只看單月營收高低，應觀察長、短期營收平均趨勢之變化。要確認上市櫃公司營收動能是否確實轉強？應觀察其短期（3個月）營收趨勢，是否已高於長期（12個月）營收趨勢線，甚至長、短期趨勢是否均已呈現上揚型態？

其次，也可以透過從年初至各月之累積營收，與去年同期累積營收之比較，觀察累積營收年增率之變化。若累積營收年增率衰退幅度明顯縮小，或是成長幅度呈現遞增型態，均是營收動

能確定轉強之強烈訊號，對應股價之反應，通常呈現高度之正相關。

下圖所列公司之耕興（6146），即屬營收動能明顯轉強之公司類型：長、短期營收趨勢線同時上揚，且短期平均營收位於長期營收之上，而其上揚幅度又高於長期平均營收趨勢線。

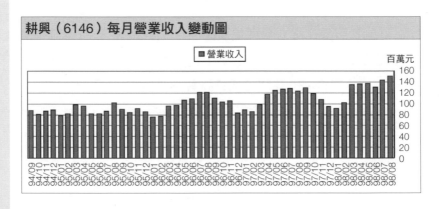

耕興（6146）每月營業收入變動圖

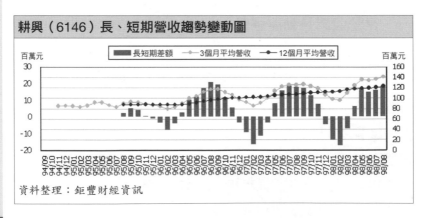

耕興（6146）長、短期營收趨勢變動圖

資料整理：鉅豐財經資訊

二、從本業獲利性強弱選股

　　首先，讀者可以先找出上市櫃公司歷年的財務報表之獲利性指標，其中以毛利率、營業利益率、純益率最為重要，然後觀察其每季的趨勢變化。最好選擇近期獲利性指標呈現趨勢往上的公司；若比率趨勢線無法呈現向上，則應觀察絕對金額是否逐季成長，或是相較去年同期呈現成長，其中又以代表本業獲利能力強弱之營業利益增減變化，最為重要。

　　讀者必須謹記，一家公司營收成長，只代表公司營運動能轉強，但卻無法保證獲利一定成長，務必再透過獲利性指標之檢驗，才能確定公司創造可分配盈餘之能力是否同步轉強。

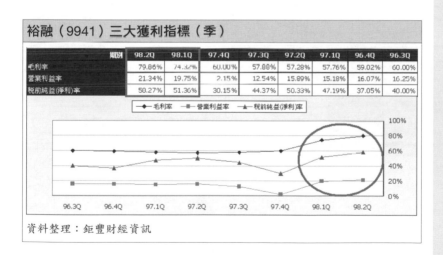

裕融（9941）三大獲利指標（季）

期別	98.2Q	98.1Q	97.4Q	97.3Q	97.2Q	97.1Q	96.4Q	96.3Q
毛利率	79.86%	74.32%	60.00%	57.88%	57.28%	57.76%	59.02%	60.00%
營業利益率	21.34%	19.75%	2.15%	12.54%	15.89%	15.18%	16.07%	16.25%
稅前純益(淨利)率	50.27%	51.36%	30.15%	44.37%	50.33%	47.19%	37.05%	40.00%

資料整理：鉅豐財經資訊

　　由上圖可以很清楚看到，裕融（9941）之三大獲利性指標，於2009年第一季及第二季，同步出現向上走升態勢。

三、從現金流量表做盈餘品質的把關

　　一般投資人往往只看重損益表中營收增減及會計盈餘高低，卻往往忽略了營收成長不代表獲利一定轉好，會計盈餘增長也不代表公司一定可以有更多的現金流入。讀者務必謹記，股東分配現金股利的來源是企業創造可分配盈餘（長期之淨現金流入），而非大而無當的「會計帳上盈餘」。因此，若一家公司來自營運活動的現金流量，遠遠低於會計損益報表的稅後純益數字，或是長期自由現金流量（來自營運活動現金流量減投資活動現金流出後淨額）為負數的公司，極可能是盈餘品質有問題的公司，穩健的長期投資人應盡可能避開此類型公司。

裕融（9941）現金流量與盈餘品質　　　　　單位：百萬元

期別	2009年	2008年	2007年	2006年	2005年	2004年	2003年	2002年	歷年合計
來自營運之現金流量	600	954	2,813	3,479	482	(1,221)	(65)	1,285	8,327
稅後純益	377	474	484	373	642	798	630	551	4,329
營運活動現金佔稅後純益比率	159.15%	201.27%	581.20%	932.71%	75.08%	-153.01%	-10.32%	233.21%	192.35%
投資活動之現金流量	497	(548)	(252)	(366)	(159)	(172)	(1,190)	(313)	(2,503)
自由現金流量	1,097	406	2,561	3,113	323	(1,393)	(1,255)	972	5,824
理財活動之現金流量	(1,023)	(388)	(2,578)	(3,089)	(267)	1,339	1,243	(1,013)	(5,776)
匯率影響數	0	0	0	0	0	0	0	0	0
本期產生之現金流量	74	19	(16)	24	56	(54)	(11)	(41)	51

※2009年為已公佈季報累計值。

資料整理：鉅豐財經資訊

由上圖表可知，該公司自2006年之後，來自營運活動現金流量大幅超越該公司之稅後純益，並因而累積大量之自由現金流量，使其每年現金股息殖利率居高不下。

四、以外部股東的角度進行選股

公司外部一般股東與原始股東最人的不同在於，原始股東的股票投資成本是股票的每股淨值，而外部股東的股票投資成本則是買進股票時的市價。因此，會計帳上的股東權益報酬率（原始股東投資報酬率），不會剛好是外部股東的股東權益報酬率。投

新保（9925）投資風險圖

年度	98	97	96	95	94	93	92	91
當年度最高價(P_{max})	22.25	32.00	35.70	31.00	23.60	19.90	17.70	23.20
當年度最低價(P_{min})	11.80	11.80	27.00	21.30	17.00	14.85	14.05	12.05
年度收盤平均價(P)	20.05	24.41	31.26	27.03	19.55	16.84	15.29	17.60
每股淨值(B)	15.34	13.87	16.82	17.99	15.31	14.66	13.94	13.06
最高股價淨值比(P_{max}BR)	1.45	2.31	2.12	1.72	1.54	1.36	1.27	1.78
最低股價淨值比(P_{min}BR)	0.77	0.85	1.61	1.18	1.11	1.01	1.01	0.92
股價淨值比(PBR)	1.31	1.76	1.86	1.50	1.28	1.15	1.10	1.35
股東權益報酬率(ROE)	15.8%	11.6%	15.4%	15.3%	15.7%	14.8%	16.0%	7.7%
外部股東權益報酬率(Kn)	12.08%	6.61%	8.28%	10.21%	12.27%	12.88%	14.60%	5.69%
(Kn)max	20.53%	13.68%	9.59%	12.96%	14.11%	14.61%	15.88%	8.32%
(Kn)min	10.89%	5.04%	7.25%	8.90%	10.17%	10.90%	12.61%	4.32%

資料整理：鉅豐財經資訊　　98年最新收盤價日期：2009/09/14

資人一定要謹記，公司的股價高於公司每年盈餘的倍數，稱為本益比，也是假設長期持有股票時，必須等待的回本年期，等待的回本年期越長，對投資者的投資報酬越划不來，長期投資風險越高。選擇本益比相對較低之股票進行投資，仍是穩健投資者的不變法則。

由上頁圖表可知，以新光保全（9925）至98年之年度平均收盤價所繪製之投資風險圖，可以發現該公司98年之外部股東權益報酬率（Kn）為12.08%，仍處於長期之相對高檔區，對外部投資者而言，是相對安全的投資時點。

5

用資產負債表分析企業是否穩健

　　前面內容都集中在企業損益報表的評析，分析重點偏重於企業的獲利能力及盈餘品質優劣。然而，觀察企業營運榮枯變動，除了分析某特定期間的損益變化外，對於企業長期的營運軌跡觀察，其重要性絕不亞於某特定期間的損益增減。因此，透過企業持續性的營運成果，所累積而成的「資產負債表」分析，可以透析企業財務的穩健及透明度，甚至投資決策、融資決策的正確性。

　　資產負債表分析涵蓋的層面相當廣，在此擬先就如何觀察企業財務結構變動趨勢及穩健度，並在說明相關財務比率後，配合實際案例圖表呈現，以加深讀者對實務應用的了解。

　　「資產負債表」乃企業體在某特定時點有關資產、負債及業主權益的相關資訊及其相互間關係；資產負債表可以呈現一家企業所擁有之經濟資源（資產）、經濟負擔（負債）、業主剩餘請求權（業主權益）三者相互間關係及其結構。

- 總資產（左方）＝負債（右上方）＋業主權益或股東權益（右下方）
- 總資產－負債＝業主權益（股東權益）

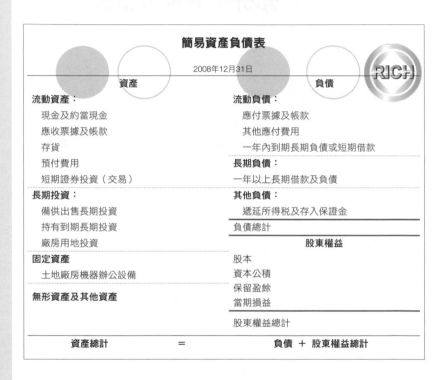

簡易資產負債表

2008年12月31日

資產	負債
流動資產：	**流動負債：**
現金及約當現金	應付票據及帳款
應收票據及帳款	其他應付費用
存貨	一年內到期長期負債或短期借款
預付費用	**長期負債：**
短期證券投資（交易）	一年以上長期借款及負債
長期投資：	**其他負債：**
備供出售長期投資	遞延所得稅及存入保證金
持有到期長期投資	負債總計
廠房用地投資	**股東權益**
固定資產	股本
土地廠房機器辦公設備	資本公積
	保留盈餘
無形資產及其他資產	當期損益
	股東權益總計
資產總計 ＝	**負債 ＋ 股東權益總計**

重要的財務比率及意涵

1. 自有資本比率（淨值比率）＝業主權益／總資產

　　自有資本比率，代表公司總資產中有多少比率來自股東自有資金的投入。就財務的觀點而言，此比率越高代表公司的財務結構越紮實；但究竟要達到多少比率才是最佳狀況，並無標準定

論。以證券投資的觀點而言，公司的自有資本比率若能因公司盈餘的提高，而使自有資本比率逐漸提高，並形成上升趨勢，將對股票價格產生正面激勵效果；反之，若趨勢往下，則代表公司承擔的財務風險正在提高之中。因此，在投資分析上，除要注意自有資本比率的絕對數高低，更應注意自有資本比率的趨勢變化。

2. 負債比率＝1－自有資本比率＝負債／總資產

負債比率，代表公司的總產中有多少比例來自對外舉債、外部融資或廠商往來。負債比率是自有資本比率的反向關係財務比率。就財務觀點而言，此比率越高代表公司的財務結構越弱，尤其若是長、短期銀行借款或公司債務居高不下，更可能是公司營運上出現危機的先兆。但究竟多少比率才是最佳狀況，也一樣並無標準定論。對證券投資分析者而言，比率趨勢的變化分析之重要性遠大於絕對數的高低。

3. 權益乘數＝總資產／業主權益

權益乘數，代表公司所有可供運用的總資產是業主權益的幾倍。權益乘數越大，代表公司向外融資的財務槓桿倍數也越大，公司將承擔較大的財務風險。但是，若公司營運狀況剛好處於向上趨勢中，較高的權益乘數反而可以創造更高的公司獲利，透過提高公司的股東權益報酬率，對公司的股票價值產生正面激勵效果。

實務案例

案例一:精華(1565)

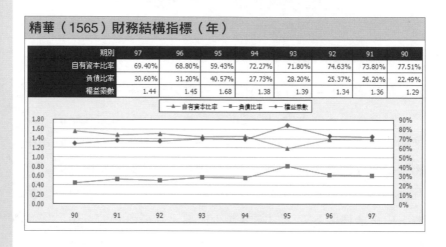

精華(1565)財務結構指標(年)

期別	97	96	95	94	93	92	91	90
自有資本比率	69.40%	68.80%	59.43%	72.27%	71.80%	74.63%	73.80%	77.51%
負債比率	30.60%	31.20%	40.57%	27.73%	28.20%	25.37%	26.20%	22.49%
權益乘數	1.44	1.45	1.68	1.38	1.39	1.34	1.36	1.29

由上圖可以看到,該公司自由資本比率除95年下降至59.43%之外,其餘年度均維持在約70%水準;相對地,該公司的負債比率及權益乘數則在95年同時因負債總額佔總資產比率提高,而同時提高。整體而言,該公司長期財務結構變動軌跡,呈現略見保守穩健的管理策略,這使公司財務面的營運風險較低。

精華（1565）財務結構指標（季）

期別	98.1Q	97.4Q	97.3Q	97.2Q	97.1Q	96.4Q	96.3Q	96.2Q
自有資本比率	71.08%	69.40%	68.25%	56.75%	71.52%	68.80%	59.08%	55.74%
負債比率	28.92%	30.60%	31.75%	43.25%	28.48%	31.20%	40.92%	44.26%
權益乘數	1.41	1.44	1.47	1.76	1.40	1.45	1.69	1.79

　　從季度角度分析其最近8季變動趨勢，可以發現該公司除97年Q2之外，上列3項財務結構比率，表現均相當平穩。最近3季之自有資本比率緩步走高，也代表該公司之負債比率及權益乘數，同時走低。從較短期的季度資產負債表，財務結構比率分析，可以看到該公司的財務結構近3季轉為更加穩健，這對股東而言，是一項正面的訊息。

案例二：耕興（6146）

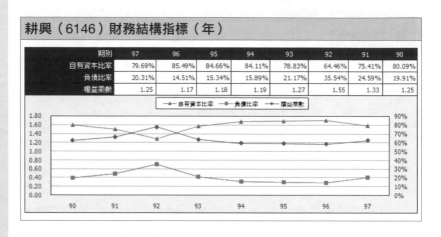

耕興（6146）財務結構指標（年）

期別	97	96	95	94	93	92	91	90
自有資本比率	79.69%	85.49%	84.66%	84.11%	78.83%	64.46%	75.41%	80.09%
負債比率	20.31%	14.51%	15.34%	15.89%	21.17%	35.54%	24.59%	19.91%
權益乘數	1.25	1.17	1.18	1.19	1.27	1.55	1.33	1.25

由上圖可以看到，該公司自由資本比率自93年開始明顯拉高至78.83%，自此，均維持在約80%以上水準，細察該公司95～97年之資產負債表，帳上竟無長期性負債（到期日一年以上），財務結構相當紮實；該公司的負債比率及權益乘數則自93年以後，即明顯走低。整體而言，從該公司長期財務結構變動軌跡，可以看到該公司經營者，採取幾乎是零負債的的保守穩健的財務管理策略，這使該公司在因應產業景氣波動時之財務風險較其它高負債公司為低。

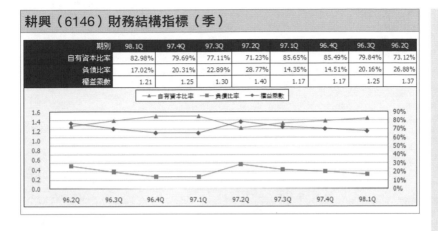

耕興（6146）財務結構指標（季）

期別	98.1Q	97.4Q	97.3Q	97.2Q	97.1Q	96.4Q	96.3Q	96.2Q
自有資本比率	82.98%	79.69%	77.11%	71.23%	85.65%	85.49%	79.84%	73.12%
負債比率	17.02%	20.31%	22.89%	28.77%	14.35%	14.51%	20.16%	26.88%
權益乘數	1.21	1.25	1.30	1.40	1.17	1.17	1.25	1.37

從季度角度分析其最近8季變動趨勢，該公司除97年Q2之外，上列3項財務結構比率，表現均相當平穩。最近3季之自有資本比率甚至步步走高，顯示財務結構更加股實；代表該公司之負債比率及權益乘數，同時走低。

無論從年度資產負債表，或較短期的季度資產負債表，均可看到該公司財務結構，呈現出相當穩健的面向。投資人在分析該公司獲利能力之餘，也可以從資產負債表分析，得到增強投資信心的財務結構分析觀點，無疑地，這對股東而言，是一項相當正面的訊息。

6

別讓自己買進「錢坑公司」！

在基本觀念篇中，我們已將創造現金流入能力的「現金流量表」之意義及分類，做了簡單介紹，並對現金流量表在投資分析上的重點，開始做重點說明。相信讀者對現金流量表之中，關於來自營運活動現金流量與會計盈餘差異分析之重要性，已有初步認知。接下來，就要介紹現金流量表中的重要項目──「自由現金流量」。

何謂「自由現金流量」？

自由現金流量（Free Cash Flow, FCF）
＝來自營運活動現金流量－支應正常營運之投資活動現金支出

組成自由現金流量高低之第一個因素是來自營運活動現金流量，來自營運活動之現金流量是否為正數，對企業正常營運與否及盈餘品質優劣之重要性不言可喻。一家營運正常且能在營運活動產生現金流入之公司，其自由現金流量也會較高。然而，要維持一家企業在營運方面能不斷產生現金流入，往往也需要不斷有新資本投資的投入支出，這在高資本密集的產業尤其明顯。但

是，若長期累積下來，一家企業來自營運活動現金流量扣除必要之資本支出，始終呈現負數，即其長期自由現金流量為負數，則表示企業並無法產生真正的現金正收入，對企業而言，資本設備不斷累積並不一定能產生增值效益，甚至可能因老舊而成為企業營運負擔。

因此，在選擇個別股票時，最好選擇能長期產生自由現金流量的公司。對高資本投資之產業則應分析其至少一個產業循環，並計算其累積自由現金流量狀況，若是長期累積數呈現大量負數，很可能不是產業風險太大，就是該公司在該產業中缺乏長期競爭力，投資時應盡可能避開此類公司。

一家企業的自由現金流量如何計算？依學理上，其計算相當複雜難懂，簡單說明如下（請參閱吳啟銘博士著《企業評價》）：

一、自由現金流量（不含業外損益）

來自營運活動現金流量扣除企業維持營運必要之資本支出。

自由現金流量＝NOPLAT＋折舊－企業新增投資支出

二、何謂NOPLAT？

稅後淨營業利潤（Net Operating Profits Less Adjusted Taxes, NOPLAT），即為企業扣稅後之本業盈餘。

NOPLAT＝息前稅前盈餘（EBIT）－
息前稅前盈餘稅額（Tax On EBIT）＋遞延稅賦變動數

三、何謂投資支出？

投資支出含有兩大部份：

1. **淨營運資金前後期變動數**（Changes in Net Working Capital）：淨營運資金是指流動資產扣除流動負債，例如若存貨與應收帳款增加速度高於應付帳款的增加速度，將造成淨營運資金的增加，也代表短期投資增加。

2. **資本支出**（Capital Expenditure）：只用於本業固定設備或產能的擴充、製程改善等具長期投資效益之現金支出。此處不含長期投資部份（屬業外）。

一般投資人恐怕對這些複雜運算興趣缺缺，但並不代表讀者可以忽視自由現金流量在投資分析上的重要性。因此，吾等重新以較簡易，又不失自由現金流量的分析精神方式，以企業現有的現金流量表，定義自由現金流量如下：

自由現金流量＝來自營運活動現金流量之淨流入－投資活動現金流量之淨流出

企業為求永續經營，並配合產業創新，必須不斷有新的資本支出，方能維持正常的營運與競爭力。但是，長期過高的投資活動資本支出，則可能啃蝕掉好不容易從營運活動所積存而來的淨現金流入，使其長期自由現金流量成為負數，以致不斷以現金增資方式向股東伸手要錢，或向金融機構舉債融資。長期自由現金

流量為負數之公司，不僅無法發放穩定的現金股利給股東，甚至可能因不斷向股東或債權人融通，而使投資人或債權人如陷入投資黑洞般，最終可能血本無歸。

對外部投資人而言，只要看到上市櫃公司的長期（至少一個完整的產業循環）自由現金流量累積數為負數之公司，就只能配合產業景氣榮枯，進行股票投資階段性買賣操作，並不適合以長期持有的投資眼光介入。這類型公司，在台灣的上市櫃公司中，有部份長期高資本支出之產業，如面板及DRAM均屬於這一類，以下謹舉例如下：

力晶（5346）現金流量與盈餘品質								單位：百萬
期別	2009年	2008年	2007年	2006年	2005年	2004年	2003年	2002年	歷年合計
來自營運之現金流量	543	(133)	33,615	42,197	19,036	34,890	9,898	3,019	143,065
稅後純益	(18,018)	(57,532)	(12,326)	27,328	6,432	21,335	169	(1,490)	(34,110)
營運活動現金佔稅後純益比率	-3.01%	0.23%	-272.72%	154.41%	295.96%	163.53%	5856.80%	-201.54%	-419.42%
投資活動之現金流量	(3,528)	(21,316)	(74,347)	(63,803)	(42,983)	(32,539)	(18,840)	(11,823)	(269,179)
自由現金流量	(2,985)	(21,449)	(40,732)	(21,606)	(23,947)	2,351	(8,942)	(8,804)	(126,114)
理財活動之現金流量	(2,798)	9,202	20,312	26,012	24,606	21,287	8,352	8,563	115,536
匯率影響數	0	0	0	0	0	0	0	0	0
本期產生之現金流量	(5,784)	(12,247)	(20,419)	4,407	659	23,638	(591)	(241)	(10,578)

資料整理：鉅豐財經資訊，2009年為已公布季報累計值。歷年合計數字為統計2002年～2009年上半年。

　　由上表可知，該公司長期（2002～2009年上半年）來自營運活動之現金流量，雖高達1,430億，但投資活動等資本支出竟高達2,691億，導致其長期自由現金流量竟成為–1,261億，此類公司，長期下來，很難有發放穩定現金股利的能力，但卻必須持續以現金增資，或向金融機構舉債方式，以補足其營運的資金缺口。該公司自2002年～2009年，配出之現金股利每股勉強接近3元，但以現金增資方式進行籌資之股本膨脹，竟高達308億。對長期投資者而言，這種公司是標準的「錢坑公司」，除非讀者對產業波動軌跡相當清楚，並以波段性投資為主要考量，否則，最好從長期投資名單中刪除，才不會得到了小小股利，卻損失了大大的本金，而得不償失，甚至可能血本無歸。

7

如何篩選適合的長期投資標的？

近日有媒體界朋友問筆者一個問題：「你認為要讓退休人員安心長期持有，除了每年穩定的現金股利之外，還要注意那些簡單的選股重點？」這真是一個很棒又實用的問題。

筆者認為，穩定的現金股利其實背後隱含的意義，就是上市櫃公司長期創造淨現金流入的能力，一家公司若無法透過營運活動創造穩定的現金流入，就無法發放穩定的現金股息來回饋股東。然而，是否只有每年穩定配息的公司，才適合退休人員長期投資持有呢？其實並非如此的。

大家都知道美國股神華倫‧巴菲特的公司，波克夏海瑟威長年以來，幾乎未曾配出現金股息給股東，反而透過原有股票進行分割，而股價的長期漲升，讓長期持有該公司的投資人身價跟著水漲船高。因此，華倫‧巴菲特曾說，股東若有現金需求，直接從市場賣出股票就可以了，何必等配股息還要去申報股利所得稅，豈不更方便？這點出一個重點，當公司運用資金的資產報酬率高於股東自行運用的報酬率時，一個負責任的經營者，應將公司創造出的現金流入，進行再投資以創造更好的股東權益報酬率。

　　由此可知，企業長期創造淨現金流入的能力，及再投資運用資金的能力，才是企業價值增長，及提升股東投資報酬率的真正源頭因素。企業創造出的淨現金流入，除用於配息外，其可能轉為資本金（股本），即透過盈餘轉增資方式，將公司創造現金能力轉為以股票表彰之高流動性及高變現性之有價證券。透過盈餘轉為股本方式，只要企業盈餘表現優異，股票價格居高不墜，股東一樣可以看到自己的資產不斷增值，其投資回報率甚至可能高於領取現金股息。

　　一般而言，一家公司的股本主要來自三大類資金來源。第一類是現金增資補充股本；第二類是盈餘轉增資為股本；第三類為各類公積轉增資為股本。這其中，第二類及第三類股本來源，為公司營運期間所累積出來的營運成果，代表公司價值的提升來自實際的經營效益，而不是由股東持續進行資金的挹注；第一類股本來源，則為股東出資額，也就是由股東自己所擁有的資金投入，並非由公司經營成果所轉換而來。一家已經營運相當時間的公司，若其股本形成仍主要來自股東的現金增資出資所轉換，往往代表其盈餘及現金創造能力偏弱，或是其產業長期投資風險偏高。對於長期股本形成中，現金增資比率長期偏高，或是比率持續出現走高跡象的公司，投資人在投資時，應慎選切入時機，並不適合想長期投資之退休族群，因這些公司可能普遍較欠缺產業或經營能力的優勢，對長期投資者而言，其投資風險不僅偏高，還可能造成投資本金的持續墊高（繳交現金增資股款）。

　　換言之，對長期投資者而言，吾等應觀察一家公司之股本來源，是否主要來自盈餘轉增資或資本公積轉增資？答案若是正面，則表示該公司對長期投資者而言，是較適合的投資標的；反之，若股本來源之中，有很大比例來自現金增資，長期投資者應盡可能避開此類公司。

案例一：彩晶（6116）

彩晶（6116）之股本形成					單位：億元	
年度	現金增資	比重	盈餘轉增資	比重	公積及其他	比重
2010	457.57	87.58%	57.35	10.98%	7.52	1.44%
2009	457.57	87.58%	57.35	10.98%	7.52	1.44%
2008	457.57	87.58%	57.35	10.98%	7.52	1.44%
2007	483.48	95.06%	18.05	3.55%	7.08	1.39%
2006	583.43	96.39%	21.8	3.60%	0.04	0.01%
2005	583.43	96.39%	21.8	3.60%	0.04	0.01%
2004	503.69	100.00%	0	0.00%	0	0.00%
2003	401.13	100.00%	0	0.00%	0	0.00%
2002	320	100.00%	0	0.00%	0	0.00%
2001	208	100.00%	0	0.00%	0	0.00%
1999	208	100.00%	0	0.00%	0	0.00%
1998	100	100.00%	0	0.00%	0	0.00%

股本形成圖（2010年度）

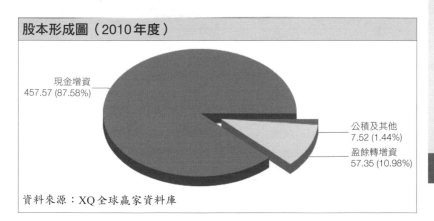

現金增資
457.57 (87.58%)

公積及其他
7.52 (1.44%)

盈餘轉增資
57.35 (10.98%)

資料來源：XQ全球贏家資料庫

　　該公司創立於1998年6月，至今大約為13年，說長不長、說短不短。但從上表可知，該公司至2009年底，股本522.4億中，共計有457.57億，佔有87.58%來自股東的現金增資，只有12.42%來自盈餘轉增資、資本公積等。此顯示，該公司長期損益狀況、自由現金流量的創造能力可能均欠佳。這種公司可能因產業景氣循環波動狀況而成為市場短期注目焦點，而刺激股價產生短期向上波動，但對長期投資人而言，卻不是理想的投資標的。

案例二：友達（2409）

友達（2409）之股本形成					單位：億元	
年度	現金增資	比重	盈餘轉增資	比重	公積及其他	比重
2010	310.29	35.15%	266.9	30.24%	305.52	34.61%
2009	310.29	35.15%	266.9	30.24%	305.52	34.61%
2008	310.29	36.48%	234.77	27.60%	305.52	35.92%
2007	310	39.41%	171.05	21.75%	305.47	38.84%
2006	301.76	39.84%	150.17	19.83%	305.41	40.33%
2005	301.76	51.75%	123.82	21.24%	157.48	27.01%
2004	268.76	54.21%	69.57	14.03%	157.48	31.76%
2003	238.76	54.86%	38.99	8.96%	157.48	36.18%
2002	228.25	57.02%	14.58	3.64%	157.48	39.34%
2001	125	42.08%	14.58	4.91%	157.48	53.01%
2000	110	100.00%	0	0.00%	0	0.00%
1999	110	100.00%	0	0.00%	0	0.00%
1998	80	100.00%	0	0.00%	0	0.00%
1997	20	100.00%	0	0.00%	0	0.00%
1996	5	100.00%	0	0.00%	0	0.00%

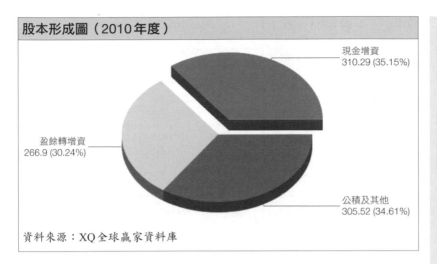

股本形成圖（2010年度）

現金增資
310.29 (35.15%)

盈餘轉增資
266.9 (30.24%)

公積及其他
305.52 (34.61%)

資料來源：XQ全球贏家資料庫

　　該公司創立於1996年8月，至今大約為15年，比彩晶僅稍早約2年。但從上表可知，該公司至2009年底，股本822.7億中，共計有310.29億，佔35.15%來自股東的現金增資，來自盈餘轉增資、資本公積等合計，則高達64.85%。此顯示，該公司長期損益狀況、自由現金流量的創造能力均較前者佳。對長期投資者而言，在同樣的產業類別中，應優先選擇股本來源來自現金增資比率較低的公司，才能使自己先立於長期不敗之地。

案例三：台塑（1301）

台塑（1301）之股本形成					單位：億元	
年度	現金增資	比重	盈餘轉增資	比重	公積及其他	比重
2010	101.6	16.60%	453.21	74.04%	57.28	9.36%
2009	101.6	16.60%	453.21	74.04%	57.28	9.36%
2008	101.6	17.76%	413.17	72.23%	57.28	10.01%
2007	101.6	17.76%	413.17	72.23%	57.28	10.01%
2006	101.6	17.76%	413.17	72.23%	57.28	10.01%
2005	101.6	18.29%	396.51	71.39%	57.28	10.31%
2004	101.6	19.94%	350.65	68.82%	57.28	11.24%
2003	101.6	21.14%	336.23	69.95%	42.86	8.92%
2002	101.6	22.40%	322.63	71.15%	29.25	6.45%
2001	101.6	23.97%	292.96	69.13%	29.25	6.90%
2000	101.6	26.37%	265.99	69.04%	17.69	4.59%
1999	101.6	28.74%	244.78	69.25%	7.08	2.00%
1998	54.34	19.20%	224.96	79.47%	3.78	1.34%
1997	54.34	21.88%	190.20	76.59%	3.78	1.52%
1996	54.34	23.85%	169.69	74.49%	3.78	1.66%
1995	54.34	26.24%	148.98	71.94%	3.78	1.83%
1994	54.34	29.12%	128.46	68.85%	3.78	2.03%
1993	54.34	31.45%	114.64	66.36%	3.78	2.19%
1992	54.34	34.29%	100.37	63.33%	3.78	2.39%
1991	54.34	37.71%	85.97	59.66%	3.78	2.62%
1990	54.34	41.86%	71.69	55.23%	3.78	2.91%

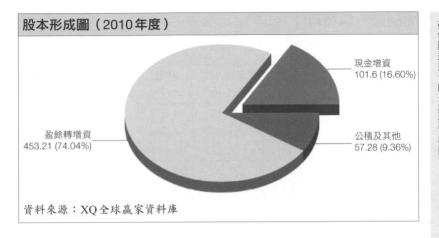

股本形成圖（2010年度）

現金增資
101.6 (16.60%)

盈餘轉增資
453.21 (74.04%)

公積及其他
57.28 (9.36%)

資料來源：XQ全球贏家資料庫

　　該公司創立於1954年10月，至今已超過50年，目前股本為612億。但從上表可知，該公司的股本形成中，來自股東的現金增資比例為16.6%，且正逐年下降當中。如果您夠細心，就會發現，該公司的現金增資比例在1998年時，曾下降至僅佔19.2%，1999年突然現金增資了47.26億，才又使其股本形成中，來自現金增資的比例一次性提高到28.74%。此乃因該集團於該時期，大力擴充麥寮六輕廠區的轉投資新事業，使其集團各公司資金需求轉為殷切所致。過了資本支出大力擴充、資金需求的高峰期後，該公司股本形成中，現金增資所佔比例又逐年下降，若非近年因抑制股本膨脹、現金股利比例提高，相信其下降速度會更快。

案例四：聯發科（2454）

聯發科（2454）之股本形成　　　　　　　　單位：億元

年度	現金增資	比重	盈餘轉增資	比重	公積及其他	比重
2010	5.18	4.75%	103.19	94.66%	0.64	0.59%
2009	5.18	4.75%	103.19	94.66%	0.64	0.59%
2008	5.18	4.83%	101.5	94.58%	0.64	0.60%
2007	5.18	4.98%	98.27	94.41%	0.64	0.61%
2006	5.18	5.35%	91.36	94.34%	0.3	0.31%
2005	5.18	5.99%	80.93	93.66%	0.3	0.35%
2004	5.18	6.73%	71.46	92.88%	0.3	0.39%
2003	5.2	8.11%	58.65	91.43%	0.3	0.47%
2002	5.2	11.29%	40.55	88.06%	0.3	0.65%
2001	5.2	16.46%	26.1	82.59%	0.3	0.95%
2000	5.2	23.97%	16.19	74.64%	0.3	1.38%
1999	5.2	44.52%	6.18	52.91%	0.3	2.57%
1998	5.2	82.67%	0.79	12.56%	0.3	4.77%
1997	5.2	94.55%	0	0.00%	0.3	5.45%

股本形成圖（2010年度）

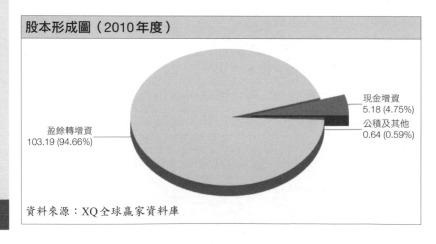

現金增資
5.18 (4.75%)

公積及其他
0.64 (0.59%)

盈餘轉增資
103.19 (94.66%)

資料來源：XQ全球贏家資料庫

　　該公司創立於1997年5月，至今大約僅14年。但從上表可知，該公司至2009年底，股本109億中，來自股東的現金增資，佔股本比例已下降至僅佔4.75%，而來自盈餘轉增資、資本公積等合計，則高達95.25%。此顯示，該公司無論長期損益狀況、自由現金流量的創造能力均表現優異。

　　對想長期持有股票之長期投資人而言，不僅要選擇具長期穩定的配息能力之優質企業，也應同時關心企業在營運規模擴充過程中，其是否具備自我創造營運資源的能力，才能使自己的投資不僅可能有股息之投資回報，亦能同時享受企業成長過程的複利報酬。

8

檢視現金流三大活動，慎選投資標的

　　常聽一些朋友說財務報表是落後性指標，對筆者這個學財務的人而言，自然無法完全認同這種說法，原因在於財務報表不僅是一家公司的財務數字記錄報表，透過不同階段財務數字所呈現的營運軌跡，往往可以看出一家公司營運穩定度高低，甚至是企業經營者對產業景氣循環判斷力的優劣。

　　前面已多次述及現金流量表的意義及內涵，也透過現金流量表中之來自營運活動現金流量，及自由現金流量的觀念，強調企業的真正價值來自長期創造淨現金流入的能力。只有長期具創造淨現金流入能力的公司，方能有分配現金股利的能力，這與僅看損益報表的會計損益高低有很大的不同。

　　接下來擬透過現金流量表中的三大活動對企業現金流量的正負影響，來分析那些類型公司較適合長期投資人？那些類型公司又較適合著重成長性要求的投資人？筆者將以現金流量表中三大活動之邏輯關係，並以較長年度資料對不同公司進行分類，讓讀者輕鬆明瞭那些公司是較佳的投資標的。

再舉例說明之前，先複習一下何謂現金流量表三大活動及其分類：

營業活動之現金流量

企業產生主要營業收入的活動，及其他非屬投資與融資的活動，其係指列入損益計算的交易及其他事項所產生之現金流入與流出。來自營業活動現金流量越高，代表公司由本業營運活動創造現金的能力越強。

投資活動之現金流量

取得或處分長期資產及其他非屬約當現金項目的投資活動。投資活動現金流量負數越高，代表公司的資本支出越高、投資企圖越積極。

理財（融資）活動之現金流量

包含業主投資及分配給業主，與融資性質債務之舉借與清償。融資活動現金流量正數越高，代表公司可能對外舉債或借款，或是向原來股東募資。

「可分配盈餘」之觀念，來自「自由現金流量」，即營業活動所創造之現金流入，扣除投資活動現金流出後之淨現金流入，長期無法創造淨「自由現金流量」之公司，即無法穩定配發現金股利，亦欠缺長期投資價值。

　　從現金流量表三大活動所產生之現金流量，與自由現金流量的對照分析，可以發現，當公司的長期自由現金流量為負數時（公司現金長期向外流出），公司的長期理財活動現金流量便可能呈現資金內流的正數現象（向外舉債、借款或向股東募資），這是一個簡單的邏輯關係。

　　事實上，在現金流量表中，三大活動的變化組合並不僅是上述情況，不同的公司就會有不同的面貌。透過三大活動的現金流量的「正數」與「負數」的邏輯推演，可以幫助我們更清楚了解一家公司的營運軌跡，及其未來可能的營運變動方向。

　　下表所呈現的，即為透過現金流量表邏輯分析下的各種類型公司。

現金流量表邏輯分析與公司類型分類表

公司類型	來自營運活動現金流量	來自投資活動現金流量	來自理財活動現金流量
A. 營運長成且財務穩健	正數	負數	負數
B. 營運成長且積極投資	正數	負數	正數
C. 本業趨緩投資積極	負數	負數	正數
D. 本業趨緩投資保守	負數	正數	平平
E. 本業轉差投資停頓	負數	正數	正數

　　對一般股票投資者而言，上列表中之公司類型，僅有A、B兩類型公司較適合進行長期追蹤並進行投資，A類型適合保守穩健的投資者，B類型公司較適合追求積極成長的投資人。至於其他類型的公司，投資者若對公司內部營運及產業變化訊息，沒有深入及時的可靠資訊做判斷，建議投資者應盡量避開。

　　Ａ類型公司：來自營運活動現金流量為正數，代表該公司來自本業的營運活動可以產生正常的現金流入。由於本業的營運活動可以產生現金流入，該公司利用來自營運活動現金的流入動能，支應該公司因投資活動所需資本支出的現金需求（來自投資活動的現金流量為負數），並同時進行對股東現金股利的發放（來自理財活動的現金流出），或公司借款及負債的清償（來自理財活動的現金流出）。

　　長期現金流量表呈現此種類型的公司，通常代表其未來營運可因持續進行的資本擴充（來自投資活動的現金流量為負數）而維持成長，並且可能公司將部份來自營運活動的現金流入，慢慢轉為清償公司各類負債，使其財務結構不致因投資增加而轉弱，並持續保持穩健局面。

案例一：耕興（6146）

表一　　耕興（6146）歷年現金流量三大活動分類表								單位：百萬元	
期別	2009年	2008年	2007年	2006年	2005年	2004年	2003年	2002年	歷年合計
來自營運之現金流量	566	428	3287	348	271	144	120	76	2,281
稅後純益	402	402	324	305	244	211	201	187	2,276
營運活動現金佔稅後純益比率	140.8%	106.5%	101.2%	114.1%	111.1%	68.2%	59.7%	40.6%	100.2%
投資活動之現金流量	(107)	(193)	(176)	(178)	(182)	(137)	(74)	(115)	(1,162)
自由現金流量	459	235	152	170	89	7	46	(39)	1,119
理財活動之現金流量	(309)	(240)	(177)	(116)	(228)	(75)	179	6	(960)
匯率影響數	0	0	0	0	0	0	0	0	0
本期產生之現金流量	150	(5)	(25)	55	(139)	(68)	224	(33)	159

表二　耕興（6146）現金流量邏輯分析表

年度	來自營運活動現金流量	來自投資活動現金流量	來自理財活動現金流量
2009	正數	負數	負數
2008	正數	負數	負數
2007	正數	負數	負數
2006	正數	負數	負數
2005	正數	負數	負數
2004	正數	負數	負數
2003	正數	負數	負數
2002	正數	負數	負數

備註：2009年資料至前三季財務報表止

　　由表一及表二，讀者可以很清楚看到，自2002年至2009年之間，該公司來自營運活動現金流量每年都是正數，表示本業創造現金流入的能力相當穩定。自由現金流量則僅有2002年為赤字負數，其餘年度均為正數，顯示該公司創造長期穩定的淨現金流入能力相當強，具有現金股利之分配能力，反應長期自由現金流量為正數，該公司自2004年以來之來自理財活動現金流量為負數，表示公司所創造之淨現金流入，可能用於清償負債或發放現金股利。

表三　耕興（6146）歷年股利分配表　　　　單位：元

年度	現金股利	盈餘配股	公積配股	股票股利	合計
2005	3.4	0.1	0	0.1	3.5
2007	3	0.1	0	0.1	3.1
2006	2.66751	0.0988	0.19759	0.29639	2.9639
2005	1.98894	0.49723	0.49723	0.99446	2.9834
2004	1.9839	0.49598	0.49598	0.99196	2.97586
2003	2.01	0.95747	0	0.95747	2.96747
2002	1.2	1.8	0	1.8	3

　　由表三可知，該公司自2003年以後，均採高額現金股利政策，因發放現金股利導致現金以股利發放途徑自公司流出，理財活動現金活動自然呈現負數。

案例二：台塑（1301）

表四　台塑（1301）歷年現金流量三大活動分類表　　單位：百萬元

期別	2009年	2008年	2007年	2006年	2005年	2004年	2003年	2002年	歷年合計
來自營運之現金流量	23,910	37,027	44,106	35,677	32,937	26,594	17,427	11,399	229,077
稅後純益	19,828	19,709	47,811	30,889	33,186	36,350	16,606	9,898	214,277
營運活動現金佔稅後純益比率	120.6%	187.9%	92.3%	115.5%	99.2%	73.2%	104.9%	115.2%	106.9%
投資活動之現金流量	(3,940)	(7,359)	(13,986)	(21,131)	(23,556)	(16,827)	(9,115)	(8,226)	(104,140)
自由現金流量	19,970	29,668	30,120	14,546	9,381	9,767	8,312	3,173	124,937
理財活動之現金流量	(20,075)	(29,490)	(29,874)	(17,077)	(10,837)	(6,235)	(7,814)	(3,836)	(125,238)
匯率影響數	(5,874)	4,267	457	(2,898)	(59,527)	(33,579)	(654)	1,908	(95,900)
本期產生之現金流量	(111)	183	246	(2,534)	(1,515)	3,498	497	(662)	(398)

表五 　台塑（1301）現金流量邏輯分析表			
年度	來自營運活動現金流量	來自投資活動現金流量	來自理財活動現金流量
2009	正數	負數	負數
2008	正數	負數	負數
2007	正數	負數	負數
2006	正數	負數	負數
2005	正數	負數	負數
2004	正數	負數	負數
2003	正數	負數	負數
2002	正數	負數	負數
2001	正數	負數	負數
2000	正數	負數	正數
備註：2009年為前三季資料。			

　　由上表四及五，可以發現台塑（1301）除了2000年因六輕廠區的持續擴建資金需求，因而增加向外舉借的長、短期負債外，其餘年度，它的現金流量表三大活動所呈現的邏輯關係，均呈現出穩健的財務、投資、營運方向。可以由此推論，該公司未來仍將秉持此一方針，不致有太大變動。對投資人而言，此種型態的現金流量表所呈現的是一家財務透明且營運數字易於了解的公司長型態，投資人只要再配合其股東權益報酬率細部變動趨勢分析，就可以更清楚看到一家公司未來可能的營運強弱方向。

表六　台塑（1301）歷年股利分配表					單位：元
年度	現金股利	盈餘配股	公積配股	股票股利	合計
2005	1.8	0.7	0	0.7	2.5
2007	6.7	0	0	0	6.7
2006	4.4	0	0	0	4.4
2005	4.1	0.3	0	0.3	4.4
2004	3.6	0.9	0	0.9	4.5
2003	1.8	0.3	0.3	0.6	2.4
2002	1.2	0.3	0.3	0.6	1.8
2001	0.7	0.7	0	0.7	1.4
2000	1	0.7	0.3	1	2

該公司自2002年以後的股利政策，以高現金股利發放政策為基調。因發放現金股利導致現金以股利發放途徑自公司流出，理財活動現金活動自然亦呈現負數。

B類型公司：除了來自營運活動現金流量為正數，代表該公司來自本業的營運活動可以產生正常的現金流入外、且由於本業的營運活動可以產生現金流入，該公司利用來自營運活動現金的流入動能，支應該公司因投資活動所需資本支出的現金需求（來自投資活動的現金流量為負數），但因公司的投資企圖強烈（經營者判斷公司營運將維持高度成長），使其來自營運活動現金流入的資金，尚不足以支應所有投資的資金需求。在此情況下，此類公司只好再透過理財活動（對外舉債、借款或向股東募資）取得更多的外部資金，以因應全部的投資需求。

長期現金流量表呈現此種類型的公司，通常代表公司經營者對其未來營運的成長企圖心十分強烈。但是，對外部投資人而言，卻有兩點潛在投資風險，不得不注意並進行追蹤：第一，公司投資的資金流向，投資項目是否為財務透明度較高的項目，若是偏重國內會計師無法進行實地查核的項目，公司的盈餘品質可能就會產生瑕疵。第二，持續性的高額資本支出加上對外融資，將使公司面對產業景氣的波動風險時，其財務應變能力下降。

投資這類型公司的投資人，心理上要有不是大好，就是大壞的心理準備。在投資思考上，必須配合公司股東權益報酬率趨勢分析、現金流量表與會計盈餘差異分析、盈餘品質細項分析，持續進行追蹤。發現疑點，且無法從公開資訊或公司對外說明之前，寧可不進行投資，以避免承擔過重的投資風險。

案例三：鴻海（2317）

期別	2009年	2008年	2007年	2006年	2005年	2004年	2003年	2002年	歷年合計
來自營運之現金流量	79,635	60,243	(7,688)	10,564	12,552	(2,594)	(729)	16,064	168,067
稅後純益	46,682	55,133	77,690	59,863	40,785	29,757	22,829	16,886	349,625
營運活動現金佔稅後純益比率	170.6%	109.3%	-9.9%	17.6%	30.8%	-8.7%	-3.2%	95.1%	48.1%
投資活動之現金流量	(47,037)	(21,168)	(21,054)	(11,237)	(10,898)	4.329	(9,552)	(13,620)	(130,237)
自由現金流量	32,598	39,075	(28,722)	(673)	1,654	1,735	(10,281)	2,444	37,830
理財活動之現金流量	(14,908)	(29,276)	19,205	5,295	4,026	(4,045)	10,285	(3,332)	(12,750)
匯率影響數	(152,164)	256,615	53,824	0	0	0	0	0	158,275
本期產生之現金流量	17,537	10,055	(9,464)	4,622	5,680	(2,310)	4	(888)	25,236

表七　鴻海（2317）歷年現金流量三大活動分類表　單位：百萬元

表八　鴻海（2317）現金流量邏輯分析表		
年度	來自營運活動現金流量	來自投資活動現金流量	來自理財活動現金流量
2009	正數	負數	負數
2008	正數	負數	負數
2007	正數	負數	正數
2006	正數	負數	正數
2005	正數	負數	正數
2004	負數	正數	負數
2003	負數	負數	正數
2002	正數	負數	負數
2001	正數	負數	負數
2000	負數	負數	正數
備註：2009年為前三季資料。		

　　由上表，可以發現鴻海（2317）的營運活動現金流量在2000年至2009年間，曾出現三年負數，表現並不如台塑穩定。但其2005年至2009年，則連續維持正數，這顯示，其本業營運活動可以持續為公司創造現金流入。

　　另一方面，該公司的投資活動現金流量，除2004年外，其餘年度均為負數，此顯示，該公司積極進行各項投資的高度企圖心。而該公司累計自由現金流量僅佔歷年稅後純益合計數的10.82%。若以母公司的角度而言，該公司自由現金流量偏低，勢必使其對外融資的資金需求提高，這從該公司來自理財活動的現金流量，在2000年至2009年這10年之中，有5年為正數（外部融資之資金正流入）就可以知道，該公司持續向外引進資金以支應各項投資的資金需求。

表九 鴻海（2317）歷年股利分配表				單位：元	
年度	現金股利	盈餘配股	公積配股	股票股利	合計
2005	1.1	1.5	0	1.5	2.6
2007	3	1.5	0	1.5	4.5
2006	3	2	0	2	5
2005	3	2	0	2	5
2004	2.44714	1.95771	0	1.95771	4.40485
2003	1.99998	1.49999	0	1.49999	3.49997
2002	1.5	2	0	2	3.5
2001	1.5	1.5	0	1.5	3
2000	1.5	2	0	2	3.5

　　該公司的現金股利發放率一向遠低於其他績優權值股，如台塑集團、台積電及電信三雄等等。主要因為該公司母公司的淨現金流入遠不如會計損益報表所呈現的穩定，這將減弱該公司發放現金股利的能力。

　　所幸，該公司最近兩年的現金流量已從 B 類型公司，再度轉為 A 類型公司，這對長期穩健型的投資者而言，將是正面的訊息。

9

從現金配息率及現金流量預警企業營運困境

　　每年四、五月上市櫃公司年報公布前後，股票市場總會特別關注那一些公司每股擬發放多少現金股利；市場習慣以上市櫃公司每股擬發放的現金股利除以每股市價，算出一般投資人相當在意的所謂「現金股息殖利率」。不少財經媒體、甚至證券分析師，均喜歡拿上市櫃公司現金股息殖利率與銀行定期存款利率，或是債券殖利率做比較，當上市櫃公司現金股息殖利率遠高於後者時，這些公司便被賦了「高現金股息殖利率」概念股，頓時這些公司股價似乎也隨著市場媒體報導變得令人期待，以致於吸引眾多投資者進場買進這類公司股票。但是否所有發放高現金股息的公司，就能夠提供高於定期存款利率的長期穩定投資報酬？除非投資者了解企業發放現金股利的資金來源，並妥善進行投資標的物的篩選，否則，事實真相恐怕會讓很多人失望。

　　很多讀者皆知道股票價格主要在反應企業未來創造淨現金流入能力的強弱，企業現金流量表呈現長期穩定的自由現金流量淨流入的公司，亦即長期自由現金流量必須是正數的公司，才能在不影響公司正常營運之下，發放現金股利回饋其股東。因此，長

135

期自由現金流量相當低、或是呈現負數的公司，短期的高現金股息政策雖可吸引眾多媒體焦點及市場目光，但卻未必是股票價值的長期保證；投資者務必透過對企業現金流量表的檢視，方能對隱藏於高現金股利糖衣下的致命吸引力有所警覺，以避免成為企業經營者或大股東操弄市場資訊下的犧牲者。

容許筆者再將「營業活動之現金流量」、「投資活動之現金流量」及「自由現金流量」之定義進行簡單說明。

營業活動現金流量

企業產生主要營業收入的活動，及其他非屬投資與融資的活動，其係指列入損益計算的交易及其他事項所產生之現金流入與流出。來自營業活動現金流量越高，代表公司由本業營運活動創造現金的能力越強。

投資活動之現金流量

取得或處分長期資產及其他非屬約當現金項目的投資活動。投資活動現金流量負數越高，代表公司的資本支出越高、投資企圖越積極。

自由現金流量

自由現金流量（Free Cash Flow, FCF）
＝來自營運活動現金流量—支應投資活動現金支出

組成自由現金流量高低之第一個因素是來自營運活動現金流量，來自營運活動之現金流量是否為正數，對企業正常營運與否及盈餘品質優劣之重要性不言可喻。一家營運正常且能在營運活動產生現金流入之公司，其自由現金流量也會較高。

表一	績優公司現金股息殖利率與現金流量佔稅後純益對照表						
公司名稱	股價 (5/18)	2010年 EPE	2010年 現金股利	現金 配息率	現金股息 殖利率	營運活動 現金佔稅 後純益 比率	自由現金 流量佔稅 後純益 比率
陞泰（8072）	99.40	7.33	7.00	95.50%	7.04%	102.39%	101.39%
臺化（1326）	109.00	8.33	7.50	90.04%	6.88%	99.50%	56.71%
茂順（9942）	51.70	5.52	3.20	57.97%	6.19%	96.16%	62.69%
聚陽（1477）	77.00	5.91	4.60	77.83%	5.97%	105.70%	84.87%
中華電（2412）	93.20	4.91	5.52	112.51%	5.93%	185.27%	124.54%
臺塑（1301）	110.00	7.44	6.00	91.40%	5.86%	102.61%	50.26%
台灣大（3045）	75.50	4.62	4.16	90.04%	5.51%	173.66%	126.80%
中碳（1723）	159.50	8.32	7.20	86.54%	4.51%	98.81%	94.89%
臺橡（2103）	82.90	5.05	3.50	69.31%	4.22%	74.34%	77.56%
台積電（2330）	75.30	6.24	3.00	48.08%	3.98%	161.69%	64.47%
裕融（9941）	71.20	4.54	2.80	61.67%	3.93%	53.35%	23.00%
台塑化（6505）	101.50	4.30	3.90	90.70%	3.84%	124.63%	76.15%
宏全（9939）	83.00	5.24	3.00	57.25%	3.61%	130.03%	18.87%
宏達電（2498）	1185.00	48.49	37.00	76.30%	3.12%	119.78%	104.88%
鴻海（2317）	106.00	8.01	1.00	12.48%	0.94%	48.23%	−5.94%

註：
1. 現金配息率＝現金股利／EPS
2. 現金股息殖利率＝現金股利／股價
3.「營運活動現金佔稅後純益比率」、「自由現金流量佔稅後純益比率」為2004-2011年Q1已公佈之統計數據（母公司財報）
資料整理：鉅豐財經資訊

　　然而，要維持一家企業在營運方面能不斷產生現金流入，往往也需要不斷有新的資本投資之支出，這在高資本密集的產業尤其明顯。但是，若長期累積下來，一家企業來自營運活動現金流量扣除必要之資本支出，始終呈現負數，即其長期自由現金流量為負數，則表示企業並無法產生真正的淨現金正收入，對企業而言，資本設備不斷累積並不一定能產生增值效益，甚至可能因過時或製程老舊而成為企業營運負擔。

　　由上述分析，吾等在選擇個別股票時，最好選擇能長期自由現金流量為正數的公司。對高資本投資之產業則應分析其至少一個產業循環，並計算其累積自由現金流量狀況，若是長期累積數呈現大量負數，很可能不是產業風險太大，就是該公司在該產業中缺乏長期競爭力，投資時應盡可能避開此類公司。

　　從上表，可以發現從台灣母公司現金流量表，發現過去一直被視為營運快速成長，獲利優秀的鴻海（2317）之2010年現金配息率竟僅12.48%，在上表之中敬陪末座，以現金股利除以股價的現金股息殖利率亦倒數第一，再進一步統計該公司自2004年以來之「來自營運活動現金流量」、「自由現金流量」總額佔稅後純益累積數之比率分別為48.23%及–5.94%。由此可見，從台灣母公司的財務狀況而言，該公司之財務結構恐怕將有走弱危機。

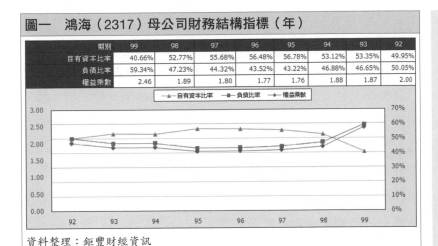

圖一 鴻海（2317）母公司財務結構指標（年）

期別	99	98	97	96	95	94	93	92
自有資本比率	40.66%	52.77%	55.68%	56.48%	56.78%	53.12%	53.35%	49.95%
負債比率	59.34%	47.23%	44.32%	43.52%	43.22%	46.88%	46.65%	50.05%
權益乘數	2.46	1.89	1.80	1.77	1.76	1.88	1.87	2.00

資料整理：鉅豐財經資訊

圖二 鴻海（2317）母公司財務結構指標（季）

期別	100.1Q	99.4Q	99.3Q	99.2Q	99.1Q	98.4Q	98.3Q	98.2Q
自有資本比率	41.46%	40.66%	42.29%	45.81%	54.59%	52.77%	51.74%	54.28%
負債比率	58.54%	59.34%	57.71%	54.19%	45.41%	47.23%	48.26%	45.72%
權益乘數	2.41	2.46	2.36	2.18	1.83	1.89	1.93	1.84

資料整理：鉅豐財經資訊

　　從圖一可知，該公司自有資本比率自98年便出現明顯下降，至99年底更加明顯，自有資本比率降下降至僅40.66%，亦即負債比率自92年的50.05%提高至99年的59.34%，長期財務結構明顯走弱。再以圖二之母公司單季財務結構指標分析，該公司自有資本比率自99年第二季開始迅速下降，至100年第一季為止，自有資本比率僅有41.46%，該公司過去四季之負債比率則自99年第一季的45.41%急速上揚至58.54%。無論從長期年度或從短期單季觀察，國內最大代工業龍頭公司之財務結構轉弱已是越來越明顯。這對長期持有該公司股票的股東而言，是一大警訊！

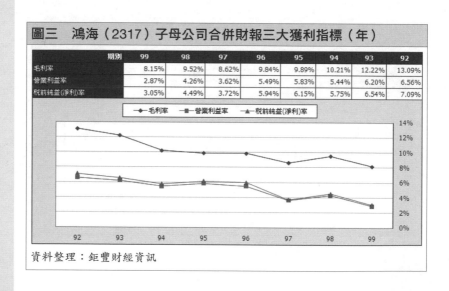

圖三　鴻海（2317）子母公司合併財報三大獲利指標（年）

期別	99	98	97	96	95	94	93	92
毛利率	8.15%	9.52%	8.62%	9.84%	9.89%	10.21%	12.22%	13.09%
營業利益率	2.87%	4.26%	3.62%	5.49%	5.83%	5.44%	6.20%	6.56%
稅前純益(淨利)率	3.05%	4.49%	3.72%	5.94%	6.15%	5.75%	6.54%	7.09%

資料整理：鉅豐財經資訊

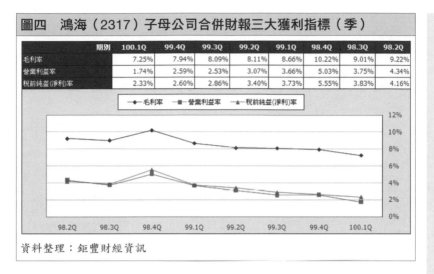

圖四　鴻海（2317）子母公司合併財報三大獲利指標（季）

期別	100.1Q	99.4Q	99.3Q	99.2Q	99.1Q	98.4Q	98.3Q	98.2Q
毛利率	7.25%	7.94%	8.09%	8.11%	8.66%	10.22%	9.01%	9.22%
營業利益率	1.74%	2.59%	2.53%	3.07%	3.66%	5.03%	3.75%	4.34%
稅前純益(淨利)率	2.33%	2.60%	2.86%	3.40%	3.73%	5.55%	3.83%	4.16%

資料整理：鉅豐財經資訊

　　該公司母公司長期來自營運活動現金流量佔稅後純益比率僅48.23%，但從圖三、四吾等同樣發現，該公司子母公司合併報表之三大獲利性指標無論從長期年度，或是從短期季度觀察，都發現獲利趨勢線正逐季往下滑落。該公司至2011年子母公司合併毛利率雖仍達7.25%，但代表本業整體獲利性強弱之營業利益率卻下降至僅1.74%，創下上圖表中之最低，真是叫人怵目驚心！

　　總結上面分析，吾等赫然發覺造成鴻海母公司無法提高現金股息配息率之部份原因，恐怕是因為該公司創造長期自由現金流量的能量已快速減弱，且正造成財務結構轉弱的危機，加上該公司集團三大獲利性指標出現下降趨勢。對該企業而言，所面對之營運環境已變得相當嚴峻，對外部長期投資者而言，投資風險則已悄然提高。

10

從營收動能與三大獲利指標篩選優質股

　　股票短期成交價格乃是在特定時點，由特定比例股票持有人，以公開競價方式於公開市場決定出來的短期供需平衡價格，它往往並非持股比例較高的股東所決定出來的交易價格。而且，決定供需力量的原因，又主要受交易者在交易當下的心理面多空因素所左右。

　　當交易者心理受外在環境營造出的氣氛所制約時，股票市場便會出現令人意想不到的事。不要說：「這，那有可能？」因為，在股票市場沒有不可能的事！高得離譜，或低得難以置信的股票價格，只要期間夠長，在股票市場都是司空見慣。

　　以反向操作聞名的安東尼・賈利亞（Anthony M. Gallea）在其著作《反向操作實戰策略》一書中有下面幾段話，清楚點出股票價格的決定，有很大因素決定於投資人的情緒性反應：

　　「投資是很奇怪的行業，據我所知，只有這個行業，產品價格愈貴，顧客愈想買，也買愈多。市場頭部和底部是極端情緒下的產物，它們超越所有理性的預期，繼續漲得更高、或跌得比一般常識所以為的要深」。因此，理性的投資者透過對投資標的物

的內涵價值進行評價，做為買賣投資決策參考，避免自己迷失於過度激情或悲觀的多空氣氛之中。

以下擬以財務比率的三大獲利指標為基礎，即營業毛利、營業利益及稅前淨利（純益）等，連續三季獲利成長，加上最近一個月營業收入創歷史新高為條件，選出下列公司供讀者追蹤參考，其名單如下表：

股票名稱	股價(6/15)	近3季最小營業毛利季成長率(QoQ)(%)	近3季最小營業利益季成長率(QoQ)(%)	近一季EPS	近4季合計EPS	預估本益比	過去本益比
6239力成	96.5	0.86	2.24	2.62	8.82	9.21	10.94
3534雷凌	253	8.48	5.01	2.1	5.34	16.90	26.59
2448晶電	87.3	12.37	16.64	1.3	3.7	16.79	23.59
3561昇陽	62.6	8.3	23.62	1.16	2.48	13.15	25.24
2049上銀	70.2	26.39	33.71	1.01	2.33	17.38	30.13
3264欣銓	24.15	4.96	5.19	0.77	2.1	7.84	11.50
6116凌華	78.3	10.72	12.33	0.8	1.98	15.09	24.39
3559全智	23.85	13.78	23.02	0.59	1.38	10.11	17.28
3061璨圓	43	14.62	34.65	0.61	1.16	17.62	37.07

備註：

1. 預估本益比＝股價／（近一季EPS*4）

2. 過去本益比＝股價／近四季合計EPS

資料來源：Money DJ　　　　　　　　　　資料整理：鉅豐財經資訊

案例一：晶電（2448）

1. 單月營收

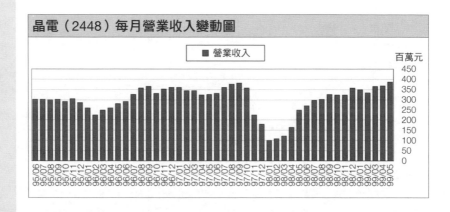

晶電（2448）每月營業收入變動圖

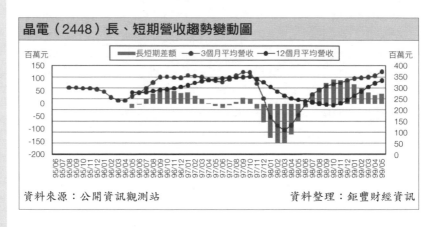

晶電（2448）長、短期營收趨勢變動圖

資料來源：公開資訊觀測站　　　　　資料整理：鉅豐財經資訊

2. 營業毛利及毛利率

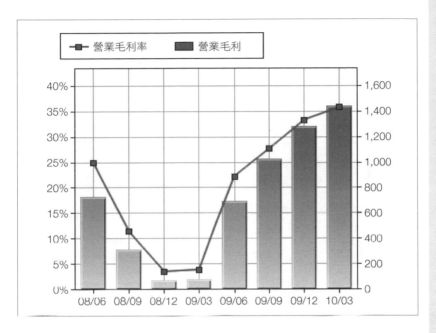

項目／期別	2010/1Q	2009/4Q	2009/3Q	2009/2Q	2009/1Q	2008/4Q	2008/3Q	2008/2Q
營業毛利（百萬）	1,441	1,283	1,027	691	78	70	313	727
季增率	12.37%	24.87%	48.63%	791.92%	11.13%	−77.72%	−56.96%	263.46%
年增率	1759.97%	1739.42%	228.17%	−4.97%	−61.27%	−91.48%	−64.52%	−19.24%
資料來源：XQ全球贏家								

3. 營業利益及營業利益率

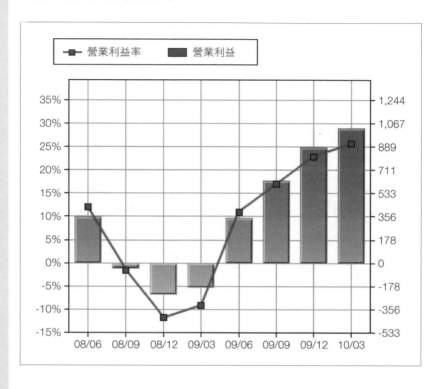

項目／期別	2010/1Q	2009/4Q	2009/3Q	2009/2Q	2009/1Q	2008/4Q	2008/3Q	2008/2Q
營業利益（百萬）	1,032	885	631	342	−186	−238	−41	350
季增率	16.64%	40.30%	84.27%	—	—	—	−111.68%	—
年增率	—	—	—	−2.24%	—	−147.44%	−106.92%	−42.93%
資料來源：XQ全球贏家								

4. 稅前淨利及稅前淨利率（純益率）

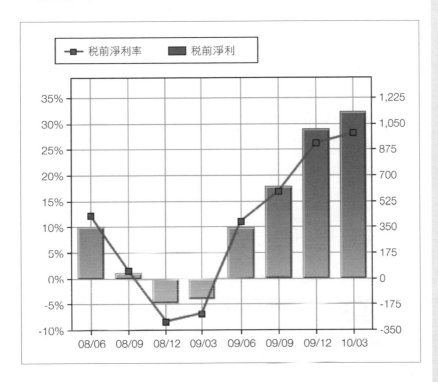

項目／期別	2010/1Q	2009/4Q	2009/3Q	2009/2Q	2009/1Q	2008/4Q	2008/3Q	2008/2Q
稅前淨利（百萬）	1,132	1,011	628	344	−138	−168	39	354
季增率	12.00%	61.04%	82.49%	—	—	−530.24%	−88.96%	—
年增率	—	—	1505.36%	−2.91%	—	−129.86%	−94.38%	−41.80%

資料來源：XQ全球贏家

　　由上列相關圖表可知，5月單月營收再創歷史新高，已連續3個月創歷史新高。長、短期營收趨勢線已第3個月呈現多頭排列，營收成長動能極為強勁。該公司三大獲利指標的最谷底出現在2008年第四季及2009年第一季，最近4季則持續震盪走高，2010年第一季的毛利率、營業利益率、稅前純益率分別達35.76%、25.61%、28.09%，顯示不僅營收動能明顯增強，公司產品的獲利性亦明顯向上提升。

　　接下來再檢視單季每股營收、每股營業利益及每股稅後純益（EPS）之變動趨勢。

5. 每股營收、每股營業利益及每股盈餘（EPS）

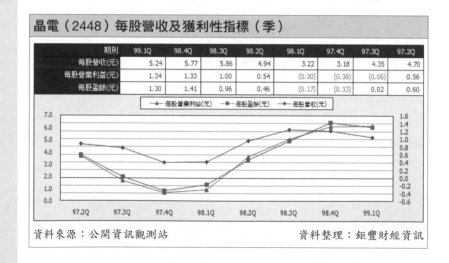

晶電（2448）每股營收及獲利性指標（季）

期別	99.1Q	98.4Q	98.3Q	98.2Q	98.1Q	97.4Q	97.3Q	97.2Q
每股營收(元)	5.24	5.77	5.86	4.94	3.22	3.18	4.35	4.70
每股營業利益(元)	1.34	1.33	1.00	0.54	(0.30)	(0.38)	(0.06)	0.56
每股盈餘(元)	1.30	1.41	0.96	0.46	(0.17)	(0.33)	0.02	0.60

資料來源：公開資訊觀測站　　　　　資料整理：鉅豐財經資訊

代表本業獲利的每股營業利益，呈現連續四季成長，包括營業外收支的每股稅後盈餘，則在連續3季成長之後，於2010年第一季小幅下降，但該公司單月營收於4、5月連續創新高，預料2010年第二季的每股稅後盈餘可望持續向上成長。整體而言，每股獲利能力轉強之中。

後記

該公司短期營收動能於2010年第三季末開始轉弱，單月營收連續性下滑，長期平均營收趨勢線於2011年6月走平，下游產業需求出現轉弱徵兆。

資料來源：公開資訊觀測站　　　　　　資料整理：鉅豐財經資訊

因該公司長期自由現金流量仍為負數,在公司營收動能轉弱之際,對保守穩健的投資者而言,應暫時避免持有該公司股票。

晶電（2448）現金流量與盈餘品質

期別	2011年	2010年	2009年	2008年	2007年	2006年	2005年	2004年	歷年合計
來自營運之現金流量	588	9,801	2,569	4,658	(534)	1,674	939	684	20,379
稅後純益	349	5,766	1,732	42	2,094	1,240	643	599	12,465
營運活動現金佔稅後純益比率	168.48%	169.98%	148.33%	11090.48%	-25.50%	135.00%	146.03%	114.19%	163.49%
投資活動之現金流量	(2,785)	(12,859)	(4,091)	(2,795)	(1,564)	(2,607)	71	(437)	(27,067)
自由現金流量	(2,197)	(3,058)	(1,522)	1,863	(2,098)	(933)	1,010	247	(6,688)
自由現金流量佔稅後純益比率	-629.51%	-53.04%	-87.88%	4435.71%	-100.19%	-75.24%	157.08%	41.24%	-53.65%
理財活動之現金流量	5,114	(867)	15,210	(1,682)	5,679	235	(413)	(68)	23,208
匯率影響數	0	0	0	0	0	0	0	0	0
本期產生之現金流量	2,917	(3,925)	13,687	181	3,581	(698)	597	179	16,519

資料來源:公開資訊觀測站　　　　　　　　　　資料整理:鉅豐財經資訊

案例二：欣銓（3264）

1. 單月營收

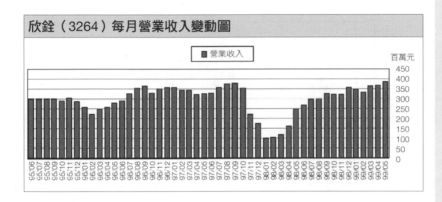

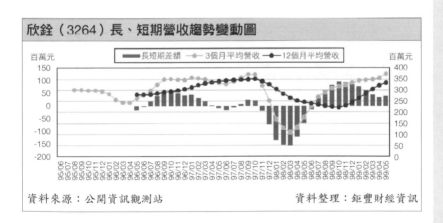

資料來源：公開資訊觀測站　　　　資料整理：鉅豐財經資訊

2. 營業毛利及毛利率

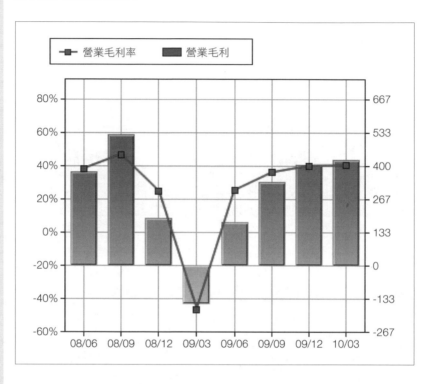

項目／期別	2010/1Q	2009/4Q	2009/3Q	2009/2Q	2009/1Q	2008/4Q	2008/3Q	2008/2Q
營業毛利 （百萬）	422	402	334	173	−152	190	523	374
季增率	4.96%	20.30%	92.81%	—	180.33%	−63.75%	39.73%	−20.55%
年增率	—	112.05%	−36.10%	53.69%	−132.33%	60.03%	9.30%	28.77%
資料來源：XQ全球贏家								

3. 營業利益及營業利益率

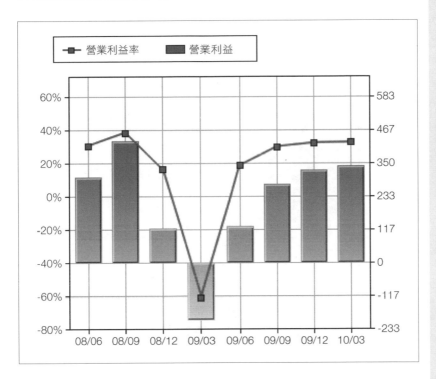

項目／期別	2010/1Q	2009/4Q	2009/3Q	2009/2Q	2009/1Q	2008/4Q	2008/3Q	2008/2Q
營業利益（百萬）	341	324	277	127	−200	122	430	299
季增率	5.19%	16.81%	117.60%	—	−263.95%	−71.61%	43.67%	−22.77%
年增率	—	165.49%	−35.47%	−57.39%	−151.65%	−70.28%	1.08%	22.84%
資料來源：XQ全球贏家								

4. 稅前淨利及稅前淨利率（純益率）

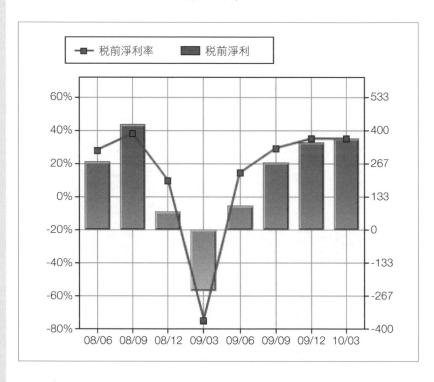

項目／期別	Mar-10	Dec-09	Sep-09	Jun-09	Mar-09	Dec-08	Sep-08	Jun-08
稅前淨利 （百萬）	366	352	271	98	−246	75	425	275
季增率	4.10%	29.56%	177.17%	—	−429.78%	−82.45%	54.54%	−26.97%
年增率	—	370.75%	−36.22%	−64.44%	−165.34%	−81.75%	5.17%	25.39%
資料來源：XQ全球贏家								

　　由上列相關圖表可知，5月單月營收創歷史新高。長、短期營收趨勢線已第7個月呈現多頭排列，營收成長動能相當穩健。該公司三大獲利指標的最谷底出現在2009年第三季，最近4季則持續震盪走高，2010年第一季的毛利率、營業利益率、稅前純益率分別達40.31%、32.57%、34.96%，在營收動能轉強之餘，該公司產品的獲利性亦明顯向上提升。

5. 每股營收、每股營業利益及每股盈餘（EPS）

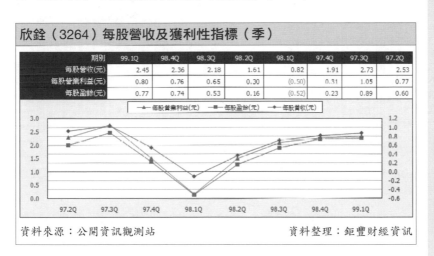

欣銓（3264）每股營收及獲利性指標（季）

期別	99.1Q	98.4Q	98.3Q	98.2Q	98.1Q	97.4Q	97.3Q	97.2Q
每股營收(元)	2.45	2.36	2.18	1.61	0.82	1.91	2.73	2.53
每股營業利益(元)	0.80	0.76	0.65	0.30	(0.50)	0.31	1.05	0.77
每股盈餘(元)	0.77	0.74	0.53	0.16	(0.52)	0.23	0.89	0.60

資料來源：公開資訊觀測站　　　　　　資料整理：鉅豐財經資訊

　　代表本業獲利的每股營業利益，呈現連續四季成長，包括營業外收支的每股稅後盈餘，亦連續四季成長，該公司單月營收於5月創下新高，預料2010年第二季的每股稅後盈餘隨產業熱度不減，可望持續向上成長。整體而言，單季每股獲利能力走在成長的軌道之中。

後記

　　該公司短期營收動能於2010年第三季開始轉弱，單月營收震盪走低，長期平均營收趨勢線於2011年2月走平，並隨即下滑，下游產業需求出現轉弱現象。

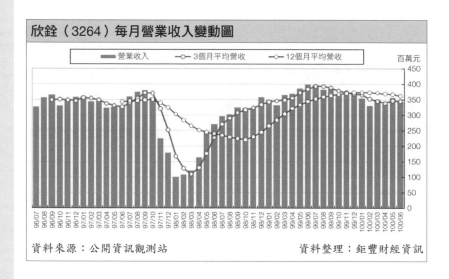

因該公司財務結構極為穩健，長期來自營運活動現金流量相當良好，且自由現金流量為正數，俟公司營收動能再度轉強之後，仍為優先考慮之投資標的。

欣銓（3264）現金流量與盈餘品質

期別	2011年	2010年	2009年	2008年	2007年	2006年	2005年	2004年	歷年合計
來自營運之現金流量	570	2,690	1,272	3,301	2,060	2,230	1,460	1,357	14,940
稅後純益	222	1,376	399	1,009	1,000	1,085	802	772	6,665
營運活動現金佔稅後純益比率	256.76%	195.49%	318.80%	327.16%	206.00%	205.53%	182.04%	175.78%	224.16%
投資活動之現金流量	(1,318)	(1,973)	(720)	(1,446)	(1,497)	(2,493)	(1,343)	(1,516)	(12,306)
自由現金流量	(748)	717	552	1,855	563	(263)	117	(159)	2,634
自由現金流量佔稅後純益比率	−336.94%	52.11%	138.35%	183.85%	56.30%	−24.24%	14.59%	−20.60%	39.52%
理財活動之現金流量	(62)	123	(454)	(1,087)	(205)	292	228	322	(843)
匯率影響數	0	0	0	0	0	0	0	0	0
本期產生之現金流量	(810)	840	98	768	359	28	346	163	1,792

資料來源：公開資訊觀測站　　　　　　　　　　資料整理：鉅豐財經資訊

11

從獲利趨勢與現金流量挖掘績優中概股

　　人民幣對美元匯率於1月中國國家主席訪美之前，再度出現一波升值走勢，至1月中旬時，人民幣匯率中間價已跌破6.6元，再創2005年7月匯改以來新高。人民幣漲幅給人的印象，乍看之下好像很大，其實並不然。統計自2009年底至2011年1月14日止，亞洲地區國家貨幣對美元匯率，除港幣因匯率緊盯美元政策小幅貶值0.27%外，人民幣對美元匯率僅升值3.49%，在所有亞洲貨幣中升值幅度最小。

　　中國2009年底外匯存底餘額為2.399兆美元，2010年再增4410億美元，總餘額高達2.84兆美元，再創歷史新高。中國2010年全年經常帳順差1831億美元，可見外匯存底增加的部份，超過2500億美元為金融帳所貢獻出來，扣除外資直接投資（FDI）部份，熱錢流入中國的額度應該超過1000億美元。在外部資金持續快速流入中國的大趨勢不變之下，人民幣升值壓力有增而無減。

　　據世界銀行預測2011年中國經濟成長率仍可達8.7%，2012年則維持在8.4%。在經濟快速成長、人民幣匯率長期緩升不變之下，中國民眾的消費能力將持續轉強。中國內需市場之成長仍

將對台股上市櫃公司提供獲利成長的重要來源，讀者可細心追蹤相關中概股，分析來自中國轉投資收益的成長性強弱，並搭配長期來自營運活動現金流量及自由現金流量佔稅後純益比率，篩選出較適合自己的投資標的。

表一　傳統績優中概股中國地區轉投資收益								
傳統中概股大陸轉投資收益								
	認列投資損益　單位：百萬元							
公司名稱	2006年	2007年	2008年	2009年	2010年 (1Q~3Q)	2010年 前3季較 2009年 全年成長 率(%)	股價 (1/17)	營運活動 現金佔 稅後純益 比率	自由現金 流量佔 稅後純益 比率
台泥 1101	(141.78)	390.75	(328.07)	(262.18)	654.98	由負轉正	31.7	120.53%	124.83%
台玻 1002	(116.13)	1,121.63	(408.68)	1,844.58	4,423.50	139.81%	39.65	113.94%	3.87%
台橡 2103	1,201.01	1,697.35	443.28	1,271.41	2,199.93	73.03%	75.5	79.92%	83.20%
統一 1216	657.61	1,991.64	3,237.53	5,399.49	6,588.31	22.02%	40.95	86.37%	42.39%
宏全 9939	(34.20)	69.08	187.38	115.30	330.00	186.21%	69	128.86%	17.30%
永大 1507	(0.86)	(1.58)	320.51	618.18	1,196.67	93.58%	42.7	92.99%	76.39%
麗嬰房 2911	97.59	186.73	222.18	239.07	496.99	107.88%	45.2	108.33%	27.55%
統一實 9907	310.05	666.01	720.09	362.07	1,297.67	258.40%	15.65	184.85%	154.74%

備註：

1. 預估本益比＝股價／（Q1＋Q2＋Q3×2）
2. 「營運活動現金佔稅後純益比率」及「自由現金流量佔稅後純益比率」為 2003～2010前3季之統計資料

由上表可以看到，上列中概股除了統一（1216）外，其餘公司2010年前三季在中國地區之轉投資收益，均已較2009年全年大幅成長，台泥（1101）則是由虧轉盈，顯示中國地區的投資收益逐漸成為帶動公司獲利成長之主要來源。

　　另由上述公司之2003～2010年前3季現金流量表，吾人發現表列公司之歷年來自營運活動現金流量佔稅後純益比重，最低者為台橡（79.92%），最高者為統一實（184.85%）。由此可見，這些傳產績優成長股並不因中國地區投資收益增加而降低其現金流量及盈餘品質的穩定性。

　　再從表列公司之歷年自由現金流量佔稅後純益比重，最低的前三名為台玻（3.87%）、宏全（17.3%）、麗嬰房（27.55%），顯示這三家公司的投資活動相對其他公司積極，產業景氣若持續往上擴張，則其未來獲利成長性將相對顯著。最高的前三名為統

表二　傳統績優中概股每股獲利與現金流量

傳統中概績優股每股獲利與現金流量

公司名稱	股價(1/17)	2010年EPS					營運活動現金佔稅後純益比率	自由現金流量佔稅後純益比率
		Q1	Q2	Q3	前3季合計	預估本益比		
台泥1101	31.7	0.28	0.58	0.78	1.64	13.10	120.53%	124.83%
台玻1802	39.65	0.44	0.6	0.91	1.95	13.86	113.94%	3.87%
台橡2103	75.5	0.99	1.17	1.23	3.39	16.34	79.92%	83.20%
統一1216	40.95	0.79	0.73	0.86	2.38	12.64	86.37%	42.39%
宏全9939	69	0.82	1.75	2.13	4.7	10.10	128.86%	17.30%
永大1507	42.7	0.7	0.88	0.93	2.51	12.41	92.99%	76.39%
麗嬰房2911	45.2	0.81	0.2	0.26	1.27	29.54	108.33%	27.55%
統一實9907	15.65	0.49	0.45	0.39	1.33	9.10	184.85%	154.74%

備註：

1. 預估本益比＝股價／（Q1＋Q2＋Q3×2）

2. 「營運活動現金佔稅後純益比率」及「自由現金流量佔稅後純益比率」為2003～2010前3季之統計資料

一實（154.74%）、台泥（124.83%）、台橡（83.2%），這三家公司之投資活動相對穩健而保守，累積淨現金流入的能力較強，長期企業價值亦相對穩定成長。投資活動較積極之企業適合喜愛高成長投資標的之投資者；投資活動相對穩健而保守之企業則適合偏好長期穩定成長投資標的的投資者。

　　由上表之2010年前三季每股稅後純益（EPS），讀者可以找出每股EPS呈現連續兩季成長之公司，計有台泥（1101）、台玻（1802）、台橡（2103）、宏全（9939）、永大（1507）等五家。在預估本益比部份，除了麗嬰房（2911）及台橡（2103）外，其餘公司之2010年本益比均仍在15倍以下，長期投資風險其實並不太高。

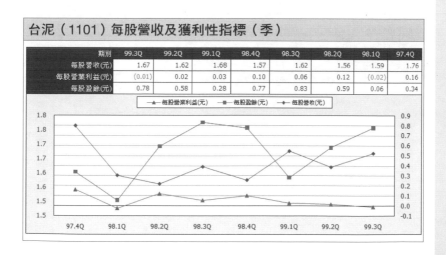

台玻（1802）每股營收及獲利性指標（季）

期別	99.3Q	99.2Q	99.1Q	98.4Q	98.3Q	98.2Q	98.1Q	97.4Q
每股營收(元)	1.91	2.08	1.97	1.70	1.65	1.41	1.24	1.45
每股營業利益(元)	0.32	0.33	0.09	(0.07)	0.02	(0.07)	0.08	(0.02)
每股盈餘(元)	0.91	0.60	0.44	0.57	0.37	(0.04)	(0.24)	(0.12)

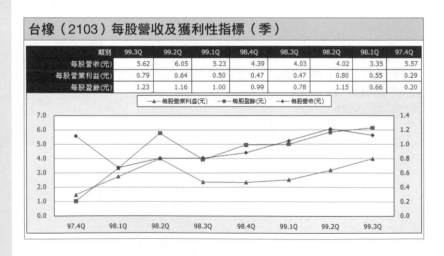

台橡（2103）每股營收及獲利性指標（季）

期別	99.3Q	99.2Q	99.1Q	98.4Q	98.3Q	98.2Q	98.1Q	97.4Q
每股營收(元)	5.62	6.05	5.23	4.39	4.03	4.02	3.35	5.57
每股營業利益(元)	0.79	0.64	0.50	0.47	0.47	0.80	0.55	0.29
每股盈餘(元)	1.23	1.16	1.00	0.99	0.78	1.15	0.66	0.20

宏全（9939）每股營收及獲利性指標（季）

期別	99.3Q	99.2Q	99.1Q	98.4Q	98.3Q	98.2Q	98.1Q	97.4Q
每股營收(元)	8.11	6.98	5.31	5.91	8.16	7.03	5.67	6.50
每股營業利益(元)	1.71	1.33	0.84	0.92	1.42	1.39	0.86	1.04
每股盈餘(元)	2.13	1.75	0.83	0.78	1.72	1.57	0.71	0.69

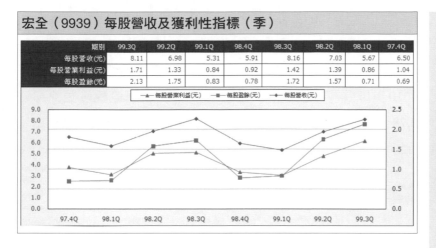

永大（1507）每股營收及獲利性指標（季）

期別	99.3Q	99.2Q	99.1Q	98.4Q	98.3Q	98.2Q	98.1Q	97.4Q
每股營收(元)	2.35	2.39	2.03	2.22	2.20	2.24	2.20	2.42
每股營業利益(元)	0.31	0.44	0.44	0.30	0.24	0.30	0.39	0.24
每股盈餘(元)	0.93	0.88	0.70	0.74	0.64	0.61	0.50	0.32

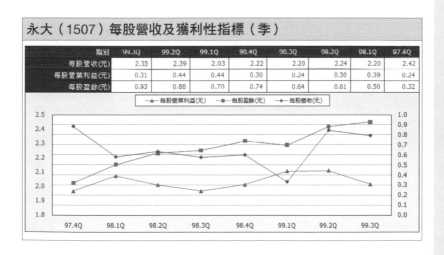

　　由上列公司的每股營業利益（母公司本業獲利數）與每股稅後盈餘（EPS）之差異大小，讀者便可以知道該公司於中國地區的轉投資收益，對其每股稅後盈餘的影響性高低。譬如台泥，2010年母公司每股營業利益為–0.01元，但每股稅後盈餘卻達0.78元，顯然海外長期投資之營業外轉投資收益所佔比重已遠超過台灣母公司的本業收益，因此，對該公司的基本面分析亦不應只看台灣母公司營收的變化，更應注意轉投資事業所在地景氣的消長，而中國地區無疑地是一個最重要的市場。

　　2011年對中國經濟之觀察重點在下面幾點：通貨膨脹數據能否得到穩定控制？房地產是否能在貨幣政策緊縮之下，不出現泡沫性崩跌？人民幣匯率升值趨勢是否不會對就業市場造成衝擊？若這三個問題能有妥善的結果，則中國內需市場仍將維持大幅度成長，中概成長股的長線股價就有希望持續向上攀高！

12

從投資活動與自由現金消長挖掘高獲利股

在本書與其他著作中，筆者不斷強調企業長期賺取穩定的「淨現金流入」的重要性，因此，對股市投資者而言，評估一家公司股票價值的高低，不應只看以「應計基礎」為原則所編製而成的損益表中的每股稅後純益（EPS）高低，亦非以每個國家可能都不盡相同的會計準則編製的資產負債表的每股淨值消長，來評價股票價格的合理性。

透過現金流量表，投資者可了解一家企業長期是否能替股東賺取穩定的淨現金流入。首先，從現金流量表中「來自營運活動現金流量」與損益表中「稅後純益」的差異分析，讀者可以找出造成企業會計盈餘虛灌的原因，進一步深入剖析會計盈餘品質優劣，甚至可提前發覺產業景氣的榮枯消長。

其次，透過現金流量表所呈現企業營運三大活動，即「營運活動」、「投資活動」及「融資或理財活動」等三大活動，並配合來自「營運活動」現金流入數減「投資活動」現金支出後，即所謂的「自由現金流量」，對企業整體營運及投融資決策合理性的邏輯分析，可以幫助投資者更清楚了解一家公司的營運軌

跡，及其未來可能的營運變動方向。長期無法創造「自由現金流量」淨流入之公司，即無法穩定配發現金股利，亦欠缺長期投資價值。

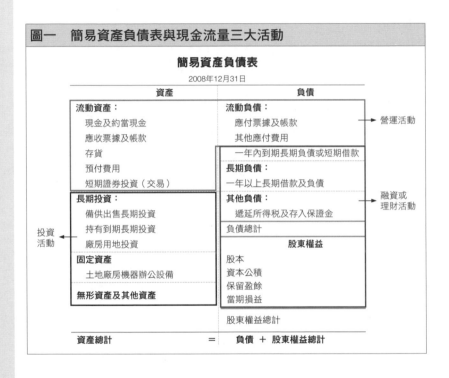

圖一 簡易資產負債表與現金流量三大活動

當企業的長期自由現金流量為負數時（公司現金長期向外流出），企業的長期融資或理財活動現金流量，便可能呈現資金內流的正數現象（向外舉債、銀行融資或向股東募資），並拉高其財務結構之負債比率，迫使其財務穩健度下降，若非如此，企業便無法持續營運下去，此乃簡單的邏輯關係。

　　投資者不僅要注意所投資的公司來自營運活動現金流量長期是否與會計損益有明顯落差，亦應關注自由現金流量是否為正數，否則便不具備長期投資價值。然而，吾等知道自由現金流量乃來自「營運活動」現金流入數減「投資活動」現金支出後之淨額，因此，當企業資本支出越高，企業的自由現金流量即可能越低。由此推論，難道代表企業不應積極投資嗎？非也！當企業經營者預期未來營運可能進入高成長期時，可能進行積極投資（固定資產投資等資本支出提高），導致自由現金流量佔稅後純益比率下降，但當投資擴廠完工後，投資活動的資本支出即可能反應於未來年度營業活動現金流量的增加，並使未來長期的自由現金流量也同步提高。

成長型企業的投資活動與現金流量邏輯關係

企業預期未來營運成長機會佳→投資活動資本支出增加（擴廠或增加生產線）→短期自由現金流量下降→企業營運活動現金流量提高（擴廠完成後之投產效應）→長期自由現金流量更進一步提高→企業及股票價值提高

　　由上述分析，企業短期性自由現金流量雖下降，但長期自由現金流量可能因正確的投資決策而更進一步大幅提高，企業獲利之成長性高低便決定於此。以下以宏全（9939）為例，說明其現金流量的投融資決策，對其未來成長性高低做一簡單邏輯推論。

表一　宏全（9939）歷年現金流量三大活動彙總表　　單位：百萬

期別	2010年	2009年	2008年	2007年	2006年	2005年	2004年	2003年	歷年合計
來自營運之現金流量	718	1,228	1,106	351	687	505	481	719	5,795
稅後純益	1,116	961	752	283	321	250	410	404	4,497
營運活動現金佔稅後純益比率	64.34%	127.78%	147.07%	124.03%	214.02%	202.00%	117.32%	177.97%	128.86%
投資活動之現金流量	(675)	(728)	(347)	(404)	(597)	(730)	(1,066)	(470)	(5,017)
自由現金流量	43	500	759	(53)	90	(225)	(585)	249	778
自由現金流量佔稅後純益比率	3.85%	52.03%	100.93%	-18.73%	28.04%	-90.00%	-142.68%	61.63%	17.30%
理財活動之現金流量	(279)	313	(521)	(64)	(52)	181	487	(132)	(67)
備註：2010年為前三季財報資料									

　　由上表，發現該公司自由現金流量於2004年及2005年轉為
負數，代表該公司於該時期的投資擴廠動作轉為積極，若其三大
獲利性指標，如毛利率、營益率及純益率於擴廠完工後，不出現
下降情況，則其成長性將於未來年度反應該期間之擴廠效應。

圖二　宏全（9939）三大獲利指標（合併—年）

期別	98	97	96	95	94	93	92	91
毛利率	24.4%	22.4%	16.3%	17.1%	17.8%	23.1%	30.1%	31.2%
營業利益率	14.8%	14.1%	7.5%	8.8%	7.9%	13.1%	18.2%	21.4%
稅前純益(淨利)率	13.3%	12.8%	6.0%	4.9%	5.2%	11.5%	15.9%	20.5%

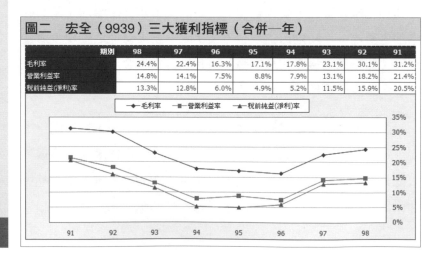

　　由上圖，發現該公司三大獲利性指標，於2005年進入谷底期，經約3年（2005-2007）的谷底盤整期，自2007年開始重新步入高獲利期，而2004年至2005年的擴廠效應，亦可望於此後發揮正面效應。

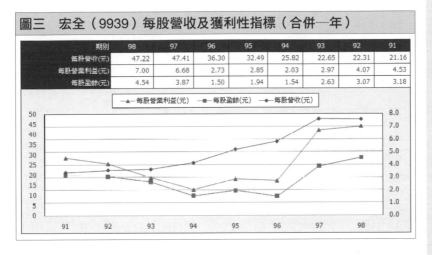

圖三　宏全（9939）每股營收及獲利性指標（合併─年）

期別	98	97	96	95	94	93	92	91
每股營收(元)	47.22	47.41	36.30	32.49	25.82	22.65	22.31	21.16
每股營業利益(元)	7.00	6.68	2.73	2.85	2.03	2.97	4.07	4.53
每股盈餘(元)	4.54	3.87	1.50	1.94	1.54	2.63	3.07	3.18

　　在該公司三大獲利指標，於2005年至2007年的谷底盤整完成後，自2008年開始，每股營業利益（代表本業獲利）及每股稅後盈餘EPS（代表公司整體獲利）同步拉高。

　　再由季度財務報表觀察，該公司單季獲利谷底期為2009年第四季，自2010年第一季開始，無論每股營收（代表營運動能）、營業利益及稅後盈餘均同步逐季拉高。由此可見，該公司增加資本支出之擴廠效應，正逐漸反應於營收動能的成長及公司每股獲利的提高。

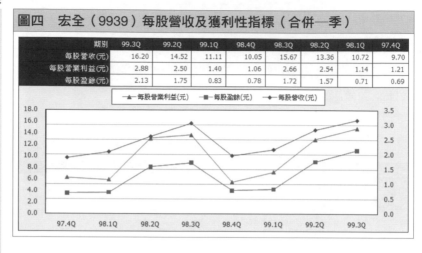

圖四　宏全（9939）每股營收及獲利性指標（合併─季）

期別	99.3Q	99.2Q	99.1Q	98.4Q	98.3Q	98.2Q	98.1Q	97.4Q
每股營收(元)	16.20	14.52	11.11	10.05	15.67	13.36	10.72	9.70
每股營業利益(元)	2.88	2.50	1.40	1.06	2.66	2.54	1.14	1.21
每股盈餘(元)	2.13	1.75	0.83	0.78	1.72	1.57	0.71	0.69

　　由表一之歷年現金流量三大活動彙總表，可知該公司於2009年開始，投資活動現金流出再度步入高峰，2009年達7.28億，2010年前三季達6.75億。據該公司表示，其目前在台灣共有11個廠，中國大陸地區有15處，東南亞有6處，共計32個生產基地（含大陸在建工廠3處），2011年工廠數可增至近40個（含In House廠），另集團未來兩年內，投資總額達100億元，其中大陸占60億元，40億元則在東南亞與台灣，共設了10個新廠（含3個在建廠），新廠最大總年產值可上看100億元。2010年1至11月該公司合併子母公司累積營收總額為116.5億元，全年約在125億元上下，但該公司董事長於法說會訂下未來3至5年內，集團營收目標為300億元。

　　由上述分析，該公司未來5年的營收成長動能將因持續擴廠效應（投資活動相當積極），而進入另一階段之高成長期，近期

自由現金流量佔稅後純益的比率雖將下降，但往後幾年來自營運活動現金流量將因擴廠完成後的投產效應而提高，長期而言，自由現金流量反而將因此而加速累積，企業及股票價值亦可同步快速成長。

　　該公司2010年前三季每股稅後純益（EPS）為4.65元，第三季獲利在新廠擴建產能效應帶動下，每股EPS即達2.13元，創下單季獲利新高紀錄。展望未來3年，在積極的投資活動資本支出背後，營運將逐漸步入獲利及現金回收的高成長期，企業價值的成長潛力亦相當值得期待。

13

從季報獲利與長期現金流量篩選
優質股①

　　上市櫃公司第三季財報每年於10月底公布完畢，如何透過財務報表，在超過一千家的上市櫃公司中，選出值得追蹤的投資標的，相信是很多投資人有興趣的課題。並非所有上市櫃公司均會主動編製並公告季度子母公司合併報表（合併報表必須於年報及半年報編製），因此，本文純以母公司財報為主要資料來源。

　　吾人已多次強調過驅動企業盈餘的來源，來自企業於會計損益計算期間內所創造的營業收入能力強弱。然而，營業收入的高成長卻非全然是企業獲利成長的保證，因為，營業收入只是會計損益報表的起頭，完整地對損益表在各階段所呈現出的「營業毛利」、「營業利益」，甚至包括營業外收入及支出，並扣除營所稅後的「稅後純益」（又稱稅後淨利）進行解析，會發現三者代表不同的企業財務評價意涵。

營業毛利＝營業收入淨額－營業成本

　　公司的營業收入淨額，扣掉可直接歸屬於生產商品，或提供勞務所需的直接原物料或人工成本，所得淨額稱為營業毛利，代

表公司生產該產品的毛利高低。營業毛利尚無法完整呈現企業本業營運的獲利能力。

營業利益＝營業毛利－營業費用

從營業毛利中，再扣掉企業從事營業活動所產生的營業費用，含產品的推銷費用、公司內部管理費用、機器廠房等固定產的折舊費用、新商品的研究發展費用等等，得出因本業營業所獲得的淨額，便是營業利益，代表公司因本業經營的實際獲利。

稅後淨利＝營業利益＋營業外收入－營業外支出－
營利事業所得稅

營業利益再加入非因本業營運所產生的利得（如利息收入、投資收益、股利收入、處分各項資產利得、資產減損回沖……等等），並扣掉非因本業產生的損失或費用（如利息費用、投資損失、處分投資損失、處分固定資產損失、存貨跌價及呆滯損失……等等），所得出的淨額，便是稅前淨利。稅前淨利扣除營利事業所得稅後，就成為稅後淨利。

三者分別除以營業收入淨額後，即所稱之「毛利率」、「營業利益率」及「純益率」。毛利率的高低代表公司產品於市場中的訂價能力或競爭力，它也隱含公司在生產過程中，對原物料的議價能力，及產品的生產效率優劣。毛利率只考慮與產品直接相關的生產因素，營業利益率則將與本業相關的內部管理及銷售費用，均包括進來，營業利益率的高低，才是真正代表公司因經營

本業所能創造出的獲利性高低。

　　稅後淨利除以營業收入淨額，便成為純益率，也稱為邊際利潤率，純益率越高，代表公司的稅後盈餘越高，盈餘的來源則可能是本業獲利，也可能是營業外收入所貢獻而來。純益率已把不屬於公司本業營運所產生的利得或費用及損失，全部包括進來，其代表公司營運過程，所有可能產生收入或支出的項目（請記得是以「應計基礎」計算，不是現金收支基礎）均可能造成公司純益的變化，甚至可能因金額龐大，成為決定公司會計年度盈虧的主要因素，這其中又以營業外收支，在股票投資的財務分析上，扮演的角色最為吃重。

　　由上所述可知，根據損益表的三階段獲利數字，即「營業毛利」、「營業利益」，「稅後純益」（又稱稅後淨利），全部以「應計基礎」計算，而不是現金收支基礎，因此，對投資者而言，三種獲利數字的優劣縱使十分重要，但經過獲利成長性的篩選過程後，千萬不要忘了對企業真正「創造可分配盈餘的能力」（分配現金股利的能力），即創造「來自營運活動現金流量」能力之強弱，並衡量「來自營運活動現金流量」扣除資本支出後的「自由現金流量」長期是否為正數？才能確認企業具備「創造可分配盈餘的能力」。

　　下表從上市櫃公司中，以下列條件進行篩選投資標的，選股條件如下：

- 最近3季合計毛利率大於5%
- 近4季股東權益報酬率大於10%
- 最近一季負債比例小於50%
- 最近3季稅後淨利季成長率（QoQ）均大於0%
- 最近3季營業毛利季成長率（QoQ）均大於0%
- 最近3季營業利益季成長率（QoQ）均大於0%
- 營運活動現金佔稅後純益比率＞70%
- 自由現金流量為正

　　上述選股條件，強調公司三大獲利指標於前三季均逐季成長，且在財務結構上的負債比率不能過高，並考量公司長期營運過程本業創造現金能力，最後，並扣除歷年資本支出後，所具備創造「淨現金流入」的能力，亦即「自由現金流量」長期必須為正數，經過這樣篩選後的公司才值得讀者列入投資追蹤參考標的名單。

14

從季報獲利與長期現金流量篩選
優質股②

　　先前我們已透過現金流量表中，來自權益法投資所回收的現金股利，佔其所認列的轉投資收益比重高低，以檢視企業海外或權益投資所能回收現金的能力。長期而言，企業的轉投資事業必須有回饋母公司現金流入的能力，對母公司的股票投資者而言，該公司股票才具長期投資價值。

　　其次，透過現金流量表中的三大活動現金流量狀況，即「營運活動現金流量」、「投資活動現金流量」、「理財活動現金流量」等三大活動，可以知道企業營運是否具備創造現金流入的能力、企業投資活動現金支出的需求強弱及去向、企業與股東及債權人之間的資金流動方向，其中尤以來自營運活動現金淨流入金額，扣除投資活動現金流出後之淨額，即所謂之「自由現金流量」，長期是否呈現正數，對長期投資者而言，乃判斷企業是否具備長期投資價值之最關鍵因素。

　　若企業長期累積之自由現金流量呈現負數，可能表示企業在日常營運上，雖可能具備創造現金流入能力、來自營運活動現金流量為正數，但在支應維持正常營運所須之投資支出後，自由現

金流量卻呈現負數狀態，即企業不僅無法透過正常營運創造淨現金流入能力，亦不具備配發現金股利給股東的能力。在此情況下，企業只好透過向股東募資（現金增資）、向金融機構融資、或向債權人舉債融資等途徑，以填補現金流量淨流出之缺口，長此以往下去，企業財務調度壓力日增，財務結構逐年轉劣，投資者之投入資金最終可能血本無歸。

正因前述，理性且精明的長期投資者，在篩選投資標的時，不僅要關心企業最新營運動能變化，如營收趨勢方向及轉折時點，也要追蹤企業獲利指標強弱，如三大獲利指標變化（毛利率、營益率、純益率），更要關注企業在不同期間獲利的消長，如單季或年度會計損益高低。除了這些一般財務分析重點外，長期投資績效突出，且累積驚人投資報酬者，如號稱「美國股神」的華倫‧巴菲特，或曾創下連續十三年投資正報酬的麥哲倫基金經理人，人稱「白髮童子」的彼得林區，均對企業是否具備長期創造自由現金流量的能力，視為比企業損益報表中的會計盈餘更為重要的股票價值評價因子。

台股上市公司中，不少傳統產業中所謂「中國概念股」，近來常成為市場之強勢主流及資金追逐焦點，股價亦同步領先外銷電子類股走揚，但在市場鎂光燈背後，一般投資者可能忽略掉，企業盈餘品質及現金流量的重要性。

下表以傳統產業中，具備「中國概念股」特色，於2010年上半年，企業來自中國地區的轉投資收益明顯成長或由虧轉盈，且歷年來自營運活動現金流量、自由現金流量均為正數，為基本

選股邏輯，整理出下表。

表一　　傳統績優中國概念股中國地區轉投資收益及現金流量統計表										
	來自中國地區投資收益（益）			EPS及現金股利（元）		現金股利配息率	歷年來自營運之現金流量總合（億）	歷年自由現金流量總合（億）	歷年稅後純益總合（億）	營運活動現金佔稅後純益比率	自由現金流量佔稅後純益比率
股票名稱	2008年	2009年	2010年H1	2009年EPS	2009年股利	2009年					
佳格1227	(4.24)	(0.86)	0.082	4.03	2.00	50%	80.50	41.28	50.56	159.22%	81.65%
台玻1802	(5.20)	12.27	21.54	0.66	0.20	30%	233.75	20.31	193.04	121.09%	10.52%
台橡2103	4.43	12.71	11.16	3.59	3.20	89%	125.39	113.23	153.92	81.46%	73.56%
裕隆2201	(0.93)	(2.30)	(0.31)	0.72	0.34	47%	186.73	65.56	289.62	64.47%	22.64%
麗嬰房2911	2.22	2.39	3.47	1.64	0.70	43%	13.54	3.21	12.39	109.28%	25.91%
巨大9921	5.66	11.14	10.84	6.71	4.50	67%	61.29	45.67	126.63	48.40%	36.07%
裕融9941	0.00	(0.004)	0.026	3.04	2.70	89%	47.71	25.48	46.72	102.12%	54.54%
台泥1101	(3.28)	2.62	1.36	2.26	1.80	80%	531.39	546.87	430.43	123.46%	127.05%
備註：現金流量統計期間為2003年～2010年上半年。										

　　上表所列公司，在2010年上半年於中國地區的投資收益，出現明顯成長者，有台玻（1802）、台橡（2103）、麗嬰房（2911）、巨大（9921）等；獲利由虧轉盈且營運展望持續看好者，有佳格（1227）、裕融（9941）；2010年下半年開始，獲利可望明顯好轉者，如裕隆（2201）、台泥（1101）。

　　從現金流量累積統計數字可以發現，來自營運活動現金流量，佔稅後純益比率超過100%，且自由現金流量佔稅後純益超過50%，計有佳格（1227）、裕融（9941）、台泥（1101）等三家，其中裕融（9941）、台泥（1101）之現金配息率均在80%以上，對穩健型，且偏愛中概股投資者，是較適合之標的；來自營

運活動現金流量，佔稅後純益比率超過100%，但自由現金流量佔稅後純益比率較低者，如台玻（1802）、麗嬰房（2911），對偏愛企業積極投資、未來獲利可能高成長之投資者，是可考慮之標的。

　　上表所列公司之長期自由現金流量均為正數，表示企業透過營運過程，擁有創造現金淨流入之能力，亦具備現金股利發放能力，對股票長期投資者而言，均可列為長期追蹤觀察，在股價相對低檔時，列為考慮買進並長期持有之投資優質標的。

15

用營收、獲利成長、長期現金流量
三大指標決定是否投資

　　一直以來，我們不斷強調企業營收成長動能的重要性，因為
只有營收持續成長才能帶出獲利的成長，最後反應於企業價值及
股票價格之上。然而，營收持續成長的公司，卻未必一定也是獲
利高成長的公司，甚至短期獲利成長的公司，也不一定是本業營
運成長的公司，再更進一步而言，一家財務會計損益報表每股獲
利數字非常漂亮的公司，反應於公司現金流量報表上，也未必能
有現金的淨流入。

　　華倫‧巴菲特在談到公司投資的價值時，強調的是企業必須
具備創造「可分配盈餘」的能力，而非僅具創造「會計盈餘」的
能力。而企業可分配盈餘的能力，尤其指分配現金股利的能力，
其實不僅立基於會計盈餘的高低，真正的決定因子，來自企業長
期「自由現金流量」淨收入的高低。

　　正如我們在介紹一般學理上的股票評價模型時，特別強調，
一家公司是否有能力配發現金股利給股東，往往並不是決定於公
司的會計帳是否有盈餘產生，而是決定於公司在營運過程中，是

否能真正產生穩定的現金流入；一家可以產生會計盈餘的公司並不一定有正向的現金流入，因其會計盈餘係以「應計基礎」為假設前提。在扣除維持營運的資本支出後（即公司剩餘之自由現金流量），甚至可能變成一家長期營運資金短缺的公司，遭遇到產業景氣循環下滑的階段，最後甚至可能成為財務結構惡化的地雷公司。

因此，吾等根據企業財務報表進行投資標的篩選過程之後，務必再深入探究企業現金流量及盈餘品質，是否穩定地產生淨現金流入，而隱藏於獲利成長的背後，公司存貨及應收帳款，是否異常攀高？來自財務透明度偏低的長期投資收益，是否成為虛灌母公司會計盈餘的另一雙手？這些都是投資者無可避免，必須深入了解的財務報表內涵。

下表以截至2010年上半年，營業收入（代表本業營運動能）、營業毛率（代表扣除直接成本之本業獲利能力）、營業利益（代表整體本業獲利能力）、稅後淨利（代表公司營業外收支之整體獲利能力）等，連續四季成長為篩選標準，選出下表所列公司，並根據該公司歷年（2003年～2010年上半年）的現金流量表進行統計，讀者可以很清楚看到，哪些公司長期「來自營運活動現金流量」是正數，且佔稅後純益比重較高者，來自營運活動現金流量，扣除「投資活動現金流量」後的「自由現金流量」，是否仍為正數？

表一　單季營收、營業毛利、營業利益、稅後純益連續四季成長公司及長期現金流量統計對照表

股票名稱	收盤 (9/20)	過去 4季本 益比	2010上半年EPS			歷年來自 營運之現 金流量總 合（億）	歷年自由 現金流量 總合（億）	歷年稅後 純益總合 （億）	營運活動 現金佔稅 後純益 比率	自由現金 流量佔稅 後純益 比率
			Q2	Q1	合計					
5346力晶	8.08	5.96	1.24	0.4	1.64	1,602.2	−1,009.0	−250.1	−640.74%	403.50%
5013強新	15.95	7.7	0.83	0.6	1.43	4.9	−4.9	8.9	55.57%	−55.57%
5534長虹	77.6	8.26	3.95	2.73	6.68	−12.8	−14.9	78.8	−16.30%	−18.89%
3264欣銓	24.05	8.5	0.91	0.77	1.68	135.3	25.2	61.5	220.21%	40.93%
6210慶生	46.95	10.99	1.53	1.23	2.76	6.3	2.2	1.8	349.16%	121.23%
3533嘉澤	177	11.69	6.19	5.11	11.3	2.9	−7.6	28.2	10.32%	−27.02%
3559全智科	22.4	11.8	0.63	0.59	1.22	20.1	2.5	6.5	310.53%	38.85%
5439高技	38.8	12.32	1.21	0.79	2	18.8	9.7	10.2	184.40%	95.49%
1531高林股	30.4	13.33	1.34	0.72	2.06	28.5	20.3	29.2	97.30%	69.36%
3006晶豪科	52.3	14.27	1.49	1.16	2.65	55.7	35.6	49.1	113.44%	72.47%
6166凌華	52.1	15.52	1.52	0.8	2.32	17.6	3.7	19.8	89.00%	18.78%
3534雷凌	131	18.4	2.54	2.1	4.64	53.4	17.6	40.1	133.13%	43.75%
2448晶電	93.6	18.7	2.2	1.3	3.5	131.3	−40.9	96.3	136.26%	−42.49%
3561昇陽科	91.2	19.21	1.58	1.19	2.77	−0.4	−54.0	12.9	−3.09%	−417.39%
2049上銀	75.3	21.52	1.36	1.01	2.37	64.4	−12.0	43.7	147.29%	−27.53%
2344華邦電	8.18	30.55	0.34	0.11	0.45	667.9	−105.3	−169.5	−394.07%	62.13%
3339泰谷	36.5	35.27	0.51	0.39	0.9	11.4	−35.3	4.6	248.70%	−768.26%
5326漢磊	19.55	40.62	0.67	0.07	0.74	58.6	32.4	−13.9	−420.83%	−232.83%

註：
1. 營運活動現金流量、自由現金流量及稅後純益為2003-2010上半年
2. 過去本益比＝股價／過去4季EPS總合

　　企業為求永續經營，並配合產業創新，必須不斷有新的資本支出，方能維持正常的營運與競爭力。但是，長期過高的投資活動資本支出，則可能啃蝕掉好不容易從營運活動所積存而來的淨現金流入，使其長期自由現金流量成為負數，以致不斷以現金增

資方式向股東伸手要錢，或向金融機構舉債融資。長期自由現金流量為負數之公司，不僅無法發放穩定的現金股利給股東，甚至可能因不斷向股東或債權人融通，而使投資人或債權人如陷入投資黑洞般，最終可能血本無歸。對外部投資人而言，只要看到上市櫃公司的長期（至少一個完整的產業循環）自由現金流量累積數為負數之公司，就只能配合產業景氣榮枯，進行股票投資階段性買賣操作，並不適合以長期持有的投資眼光介入。

由上表可以發現，部份目前營收成長動能相當強勁之公司，其歷年自由現金流量卻呈現負數，顯示該等公司在長期營運過程中，並無法產生穩定之淨現金流入，對於擬長期投資者而言，其投資風險自然提高不少。

反觀上表中，歷年自由現金流量為正數之公司，顯示該等公司在長期營運過程中，其備產生穩定之淨現金流入能力，對於擬長期投資者而言，其投資風險自然就降低不少。若能配合營收、企業獲利能力成長，加上選擇於股價低本益比時點，逢低承接，則長期投資報酬及勝率自然提高不少。

16

投資型基金商品的操作法

以目前時點而言，單筆申購投資台股基金的相對風險顯然並不低，但並不代表一定不適合再購買或持有台股基金；其次，為提高定期定額投資基金的投資報酬率，也可以使用不同的基金主動操作策略，而非一成不變，任由基金公司按月扣款，自己卻什麼事也不做，等到基金淨值有一天又回跌了，等於又是紙上富貴一場。

首先，一般而言，想利用基金長期投資獲得超額報酬，必須考慮下列因素：

1. 基金公司的信譽。
2. 市場趨勢與區域經濟變化。
3. 基金投資組合類型是否與自己的風險承擔能力相配合。
4. 基金經理團隊過去專業能力的記錄。
5. 基金附帶的各項費用高或低。

但除了上面因素外，基金投資也有一些主動操作策略：

1. 定時定額、長期持有：

   這種方法就是俗稱的「傻瓜投資術」，適合經濟景氣長期持續快速擴張向上市場，如目前的中、印、越、巴西、俄羅斯等新興市場地區。

2. 定時不定額、正負乖離過大反向操作：

   這是以高度投資紀律為基礎的「反向操作」策略。適合經濟景氣長期穩定擴張，但股票市場已趨成熟的地區，如美、加、歐洲、日本、台灣等市場。

3. 單筆投資：

   適合對市場眾多個別投資標的不熟悉，但自認選時能力良好之投資人，此類投資實質上，可以用各類ETF取代。

若是定期定額投資台股基金已一段時間，目前應已多半處於帳面獲利狀態，在確保獲利成果，並維持定期定額扣款的長期投資精神下，建議採取上述第2種方法，即：

(1) 當基金每單位淨值高過基金每單位持股成本一定成數時，採取分批反向往上減碼動作（即先部份贖回），讓原先累積已獲利的基金，分批先行獲利入袋。

(2) 但是，在反向減碼過程中，維持原先定期定額扣款動作，讓帳上基金的平均每單位投資成本不致急速升高。

(3) 俟基金每單位淨值又跌落每單位基金單位成本一定成數時，再分批往下加碼申購基金數量，讓基金每單位投資成本下降。

　　反複來回主動反向操作定期定額扣款基金策略，將可達更加強化長期投資基金的績效。但是，採取這種操作策略的前提是，投資人必須有高度的投資紀律，尤其不可在多頭市場因貪婪心理而不願減碼、甚至加碼；反之，卻在空頭市場，因恐懼心理而反倒不敢加碼投資。這是投資人必須確實恪遵的投資紀律。

17

理專推薦的保本基金是否真的保本？

　　首先，我必須真誠的說，除非您買的是債信極高國家（如美國）發行的政府公債，否則，一般金融商品幾乎沒有完全保證百分之百保本的東西。但是，金融商品的銷售者總會透過精美的包裝，讓投資人產生購買的衝動慾望。因此投資人要記得兩個原則：第一，自己沒完全弄懂的不買，第二，購買前一定要詳讀商品說明書，看不懂也是不買。

　　其實，這種基金真正的種類應該叫「結構型金融商品」更為貼切，而不完全是「保本型基金」，頂多只能勉為其難稱為「條件式保本型基金」。

　　結構型商品（Structured Products），是一種結合固定收益投資工具（如定存及債券），以其本金利息的一定比例，透過衍生性商品投資（如利率或股票期貨選擇權、股價指數、基金績效、外匯匯率等等），試圖於原來固定收益外，以衍生性投資工具操作所產生的資本利得或額外增收的保證金收入，以提高結構型商品的收益率。而依其對本金的保護程度，可分為下列兩種分類：

一、保本型商品（Principal guaranteed notes; PGN）

　　此類商品除因跨國際投資，存有匯率變動風險外，一般對於原來投入的本金，可以提供一定比例的保護，此比例即為保本率。而其本金投資的金融工具偏向固定收益投資工具，且以持有到期為主要目的，除非投資標的發生信用問題，否則本金的到期收益率（Yield to Maturity）在本金投入之初，通常即已確定。

　　資產管理人或基金經理人，在基金募集成立開始進行投資之時，便先算出在既定保本率到期本金的現值（以固定收益利率，如定期存款利率），以原來投入本金減掉既定保本率本金現值後，將餘額轉投資於其他較高風險的衍生性商品，以謀取更高的潛在利潤。而結構型商品可以分享此較高風險市場，因價格漲跌所產生的價差之程度，便稱為參與率，簡單的說，就是參與所連結資產價格變動的比率；參與率越高，代表衍生性投資工具價格變動對結構型商品到期收益率影響越大。但當結構型商品設計越趨複雜後，此保本率與參與率常常變得艱深難懂，一堆財務工程公式常弄得投資人眼花撩亂，甚至金融商品銷售人員自己都弄不懂。

二、高收益型商品（High yield notes; HYN）

　　此類商品除保本型商品可能承受的匯率變動風險及發行者的信用風險外，因商品屬強化收益操作的高收益商品，投資人尚可能因所連結的商品價格變動而損及本金。在設計上，發行者或銷售的金融機構，通常會宣稱其在某種條件下，也就是所謂的上檔或下檔區間，可以達到保本或保高額利息收益的作用。一般而

言，若所連結的商品價格若未出現劇烈變動，則投資人不僅可收回本金，甚至可享有遠高於其他固定收益工具的報酬率；但是，當所連結的商品價格出現劇烈變動時，投資人的本金便可能產生虧損。

最近眾多國內發生銷售金融機構遭投資人投訴的結構債商品，便是屬於此類商品。過去所連結的商品價格未出現劇烈變動，因此，投資人在飽嘗甜頭後，總以為它是保本保息、萬無一失的保本型商品，孰料，當所連結的商品價格出現劇烈變動，連本金都可能損失殆盡。

這類商品的資產管理公司或投資銀行，通常除了將本金投入固定型商品外，為強化及高收益率的賣點，往往以基金名義，於金融市場投入選擇權市場，賣出　個利率或股票指數選擇權（有賣權或買權），收取因賣出選擇權而產生的權利金以換取所管理基金更高的投資報酬。但是，當市場價格跌破或漲破原來賣出選擇權價位時，基金本金便要出面賠付市價與約定執行價間的差額，遇到市場系統性流動性風險時，本金甚至可能損失殆盡而歸零。

由上可知，一般而言，前者的投資風險較低；後者因享有較高的預期報酬，其承擔的風險也較高，近期國內投資人慘賠的結構債商品，便是典型的高收益商品，只是理財專員及銀行財管部門為利於行銷，往往只強調其高收益，甚至行銷話術中，讓投資人誤以為該商品是保本型商品。

18

景氣循環股的投資購買原則

　　景氣循環股，當景氣在高峰時，股價雖然已漲高，但EPS成長更高，所以本益比反而下降，這時投資人往往誤以為股價低估而追高買進，並成為長期套牢族。因其忽略了，這時股價淨值比（P/B）已明顯位於歷年高檔，投資風險早已提高不少！

　　而景氣循環股在景氣低迷時，因產業景氣普遍不佳，因此EPS都不會太好看。所以雖然股價也很低，但算出來的本益比反而很高，甚至有些二、三線廠會鬧財務危機。因此，一般投資人往往在股價最便宜時，遠離景氣循環股。

　　在景氣低迷階段投資景氣循環股，在選股時，應先避開財務可能出問題的公司，最好選過去在產業景氣循環谷底時，仍然可以維持獲利的公司。至於要如何計算，則沒有一定標準。建議參考過去涵蓋一個完整景氣循環週期的期間，例如五年或更長，並檢視其是否曾經有產生大幅虧損的記錄，若有此記錄，則應避免買進這類公司。

19

如何確定媒體報導的「急單」的確存在？

　　投資人每日閱讀不同資訊，很容易因眼睛立即所見、耳朵即刻所聞，而產生最深刻的腦海印象，並做出最劇烈的反應；然而，在股市之中，立即且未經數據驗證的資訊，往往可能對投資人的投資決策產生嚴重的誤導，導致嚴重的投資損失。

　　投資人在看上市櫃公司宣稱的「急單效應」這件事上，應先從總體經濟指標中之進出口接單、進出口實際金額變動趨勢觀察分析，再對照上市櫃公司產業龍頭股的營收動能趨勢變化，進行從上而下，及從下而上的驗證。至 2009 年 4 月，無論是進出口接單及實際金額變動，我國外貿實況仍處於短線反彈、長線持續衰退局面，最壞情況或許已過，但離真正全面復甦及成長階段，恐怕為時尚早。

　　另外，從我國出口產品最終消費地，美國的中間商躉售庫存及銷售數字變化追蹤，也可以領先嗅到美國進口廠商是否將恢復其海外下單動作。

美國中間商躉售庫存及銷售年增率

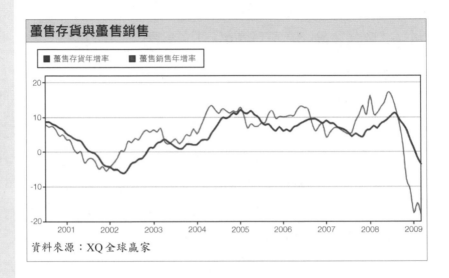

躉售存貨與躉售銷售

■ 躉售存貨年增率　　■ 躉售銷售年增率

資料來源：XQ全球贏家

　　躉售庫存為躉售銷售的落後數字。美國躉售庫存年增率自2008年8月反轉至2009年3月，已連續第7個月下降，這顯示中間商仍持續降低庫存當中，美國企業仍持續向下調整庫存的態度仍未改變，對海外的下單動作也不會立即有明顯改變。3月的躉售銷售衰退幅度進一步擴大，這顯示美國中間廠商未來仍將持續降低庫存，對海外出口廠商也不會很快恢復大量下單的動作。只有在躉售銷售年增率由谷底反轉回升後，台灣外銷廠商真正的長單才會出現。

　　當你跳脫國內每日的財經媒體資訊疲勞轟炸的環境，靜下心，好好追蹤總體經濟指標後，就可以發現，當資金面及題材面仍重於實質面，而過度脫離實質面的股價波動時，投資風險自然也就會提高。

後記

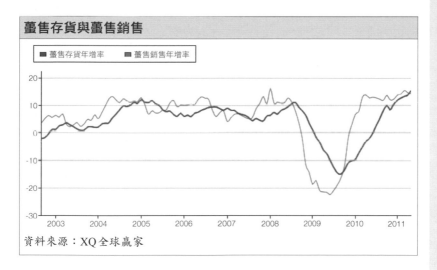

躉售存貨與躉售銷售

■ 躉售存貨年增率　　■ 躉售銷售年增率

資料來源：XQ全球贏家

　　美國躉售銷售年增率於2009年6月達到谷底後，隨即持續走高，躉售庫存亦隨後於9月到達谷底之後，逐月回升。由中、下游市場需求帶動中間批發商銷售成長，中間批發商訂單又轉為美國進口商的進貨需求，最後成為對海外的貨品下單。因此，我們可以看到，自2009年第四季以後，美國經濟景氣復甦的外溢效應擴散，並推動亞洲等新興工業國家經濟加速復甦。

　　近期躉售銷售年增率於4、5月連續下滑，躉售庫存年增率雖持續上揚，但躉售銷售年增率為躉售庫存年增率之先行指標。由此可知，美國進口廠商對進口商品需求在未來轉弱之可能性提高，至5月份為止，美國總體經濟復甦轉弱危機持續存在。

　　躉銷售年增率走在躉售庫存年增率之前，若躉售銷售年增率續降，最終將促使躉售庫存亦下降，當發生此種趨勢時，對美股後市將是相當值得注意之警訊。目前趨勢尚不明顯，但卻必須高度關注！

第三篇

趨勢分析篇

1

景氣衰退期的跡象與應變

　　當企業體營業淨利成長率出現負成長，而總體經濟成長率亦低於過去長期平均值，或成為負成長率時，表示景氣循環已進入衰退期。

　　景氣衰退期可以看到下列經濟現象出現：

1. 失業率逐步走高、消費者信心逐漸下降、各種物價持續走低。

2. 銀行存放款利率逐漸調降、債券市場利率也同步走低（債券價格上漲）。

3. 上市櫃公司營業收入持續衰退中、部分公司甚至出現營業淨損情形。

4. 少部分公司開始出現財務危機，銀行逾期放款金額及比例同步走高。

5. 中央銀行持續調降官方利率。

6. 股票價格一開始持續下跌，但跌幅逐漸縮小，最後呈現谷底盤整、小幅回升的型態。

7. 股票市場成交量極低、證券公司營業廳人潮一天比一天少、高檔餐廳及五星級渡假飯店生意稀疏，最後降價促銷但仍門可羅雀。

投資人在景氣衰退期應採取下列的投資策略：

1. 持續維持債權資產或銀行存款佔總資產中較高比例的配置，並在確認發行公司財務結構無虞後，開始小量增加債信優良公司發行的可轉換成股權的公司債。因為在此階段，股市多頭幾時能再起無人可知，但財務結構優良公司所發行的可轉換公司債，其折價比率將隨股市行情下跌而拉大，使可轉換公司債的到期收益率明顯提高，在債券未到期前，若股市提早回春，則可轉換公司債價格也將隨普通股價格而快速上漲。這是現階段進可攻、退可守的投資策略。

2. 應耐心收集總體經濟數據的變化，並不斷與個體企業營業收入變動趨勢相互印證，耐心等待企業體營業收入進入盤底階段訊號的出現，即企業的長、短期營收趨勢呈現多頭排列（例如3個月及12個月平均營收趨勢同時上升，且3個月平均營收大於12個月平均營收），才是產業景氣復甦的重要徵兆。

3. 嚴格控制自我的財務風險，切忌舉債或融資交易。但是，財務能量若是充沛而有餘裕者，則可酌量慢慢買進下面類型股票：

(1) 產業特性較不受總體經濟影響的公司。如股價隨市場也出現大跌的電信公司、老年人口照護產業。

(2) 公司本業產生現金能力在總體經濟不景氣中仍表現優異者，即來自營運活動現金流量並未因總體經濟景氣減弱或與會計盈餘有太大落差，甚至逆向提高者。

(3) 最後，除了考量公司最近一年本益比高低外，應以公司過去歷年長期本益比區間（一定要超過一個完整的景氣循環期間）為衡量標準，拉大投資的安全邊際，等本益比接近或低於歷年本益比，再配合第2點策略，以緩慢佈局策略建立投資組合。

　　當全球經濟景氣進入收縮期，究竟將於何時結束衰退期並重新進入復甦期，目前無人可以準確預期。投資人一定要以高度耐心與紀律管控自我的資金部位，在局勢晦暗不明情況下，千萬不可舉債融資或任意擴張信用進行投資。

2

景氣走向衰退的因應法則

　　什麼時間是最好的股票買點，沒人說的準，包括我在內。但是，倒可以提供經濟景氣進入衰退期間的資產配置建議與思考。

　　當企業體營業淨利成長率出現負成長，而總體經濟成長率亦低於過去長期平均值，或成為負成長率時，表示景氣循環已進入衰退期。此時可以採取下列資產配置策略：

1. 剛開始持續維持債權資產佔總資產中較高比例的配置，並開始增加債信優良公司發行的可轉換成股權的高收益公司債（如CB或ECB）。

2. 部分公司股價跟隨大盤下跌，但換算出的實際股東權益報酬率（ROE／股價淨值比）因股價大跌反而遠大於長年期美國政府債券利率，這時可以開始小量買進此類公司股票。

3 應耐心收集總體經濟數據的變化，並不斷與個體企業營業收入變動趨勢互相印證，耐心等待企業體營業收入進入盤底復甦訊號的出現。

　　對股票投資者而言，市場最佳長線買點往往在景氣衰退末期，也就是市場氣氛最悲觀時，最佳長線賣點則往往出現在景氣加速成長期，也就是市場氣氛最樂觀時。因經濟景氣衰退期所帶引出遠低於公司價值的便宜股價，往往可以提供長期投資者最大的獲利機會，我們反應以冷靜的心情面對它。

3

總體經濟指標失效下，如何判斷景氣回溫？

　　首先，總體經濟指標雖有領先、同時及落後指標之分，但它卻無法準確說明何以金融市場在短期內會如何變動。投資者如欲透過總體經濟指標分析擬定投資決策，務必從多面向重複追蹤分析，方能避免因單一因素的偏誤，致誤判總體經濟景氣循環方向。

　　對一般股市投資者而言，筆者建議可按月觀察上市公司權值股營收趨勢的變動方向，便可大略窺見主要產業景氣榮枯變化，甚至總體經濟景氣的可能轉折點。上市公司權值股市值佔大盤指數比重一向較重，而眾多上市櫃公司的營收總合又是國家總體經濟的縮影，因此，投資人可從追蹤主要權值股營收趨勢變化，來判斷經濟景氣循環的相對位置或轉折時點。

台灣50產業權值股單月營收及各相關項目分析

年月	單月營收	3個月平均營收	12個月平均營收	長短期差額	累積營收	營收年增率	累積營收年增率
9607	6,284.1	5,980.7	5,537.8	442.9	39,317.8	34.2%	28.4%
9608	6,713.4	6,371.4	5,688.8	682.6	46,030.5	37.0%	29.6%
9609	7,264.1	6,753.9	5,857.4	896.5	53,294.9	38.6%	30.8%
9610	7,686.6	7,221.3	6,041.2	1,180.2	60,981.9	40.2%	31.9%
9611	7,583.7	7,511.4	6,184.3	1,327.1	68,565.6	29.3%	31.6%
9612	7,372.6	7,547.6	6,328.3	1,219.3	75,938.4	30.6%	31.5%
9701	6,710.3	7,222.2	6,437.4	784.8	6,710.3	24.2%	24.2%
9702	6,054.6	6,712.5	6,539.8	172.7	12,764.6	25.5%	24.8%
9703	6,705.3	6,490.1	6,612.5	(122.5)	19,470.2	15.0%	21.2%
9704	6,409.2	6,389.7	6,703.5	(313.8)	25,881.9	20.5%	21.0%
9705	6,702.5	6,605.7	6,800.2	(194.6)	32,584.9	21.0%	21.1%
9706	6,668.3	6,593.3	6,846.2	(252.9)	39,253.1	9.0%	18.8%
9707	7,085.2	6,818.7	6,913.0	(94.3)	46,338.6	12.7%	17.9%
9708	7,055.9	6,936.5	6,941.5	(5.0)	53,394.2	5.1%	16.0%
9709	1,010.0	7,050.4	6,920.3	130.0	60,404.0	−3.5%	13.3%
9710	6,955.3	7,007.0	6,859.4	147.7	67,356.6	−9.5%	10.5%
9711	5,400.9	6,455.4	6,677.5	(222.1)	72,757.0	−28.8%	6.1%
9712	4,671.7	5,676.0	6,452.4	(776.5)	77,428.4	−36.6%	2.0%
9801	4,129.6	4,734.1	6,237.4	(1,503.3)	4,129.6	−38.5%	−38.5%
9802	4,407.6	4,403.0	6,100.1	(1,697.1)	8,536.6	−27.2%	−33.1%
9803	5,314.0	4,617.1	5,984.2	(1,367.1)	13,850.6	−20.7%	−28.89%

原始資料來源：公開資訊觀測站

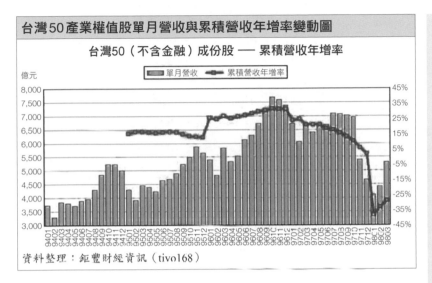

台灣50產業權值股單月營收與累積營收年增率變動圖

台灣50（不含金融）成份股 —— 累積營收年增率

資料整理：鉅豐財經資訊（tivo168）

　　由上圖台灣50產業權值股單月營收與累積營收年增率變動圖可以看到，主要上市公司產業權值股2009年2月及3月營收，確實出現由谷底反彈的跡象。若從累積營收年增率變動率觀察，台灣50產業權值股的累積營收年增率則從1、2月的−38.5%、−33.1%，縮小衰退幅度至−28.9%。台灣50產業權值股2009年第一季累積營收年增率仍為負成長，但單月營收趨勢則出現反彈跡象。至於是否據此斷定總體產業經濟已反轉回升呢？恐怕仍有待進一步觀察，但純就單月營收變化而言，總體經濟確實已稍現曙光。

　　接下來，再從長、短期平均營收變動趨勢線、累積營收年增率進行觀察，並與台股大盤指數走勢圖，進行對照分析。

　　由下頁三個圖對照分析，讀者可以清楚看到：當短期平均營收（3個月）趨勢出現回檔向下時，大盤月線通常會以下跌呈現，但只要長期平均營收（12個月）趨勢線維持上揚，則台股便可維持多頭行情。

　　台灣50產業權值股12個平均營收趨勢線於2008年9月反轉下滑，至2009年3月仍未改變。這將使斷定總體產業景氣是否已確定復甦，存在高度不確定性；並使據此大幅於4月提高持股比例的投資決策，也隱藏不低的投資風險。因此，讀者務必持續緊密追蹤接下來的營收變動，以觀察總體經濟趨勢，是否是真正復甦或只是假性復甦？

　　當然，讀者也可以依此方法，透過分析所投資公司所處產業的主要權值公司，其每個月的營收及趨勢變化，來佐證自己手中的投資標的，其產業景氣循環是否已重新進入復甦循環。只有在總體產業景氣已確實進入復甦期，方是大幅提高持股比重的較安全時刻。

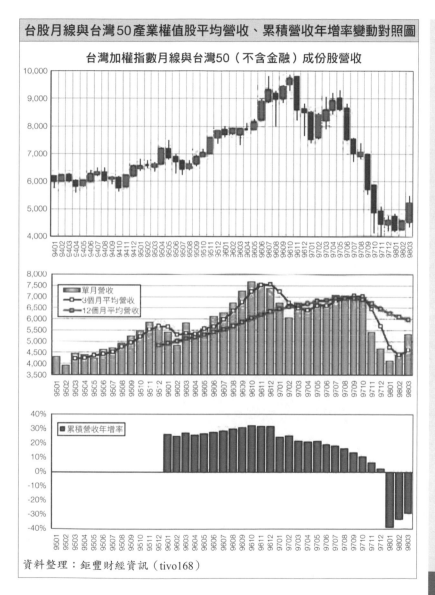

台股月線與台灣50產業權值股平均營收、累積營收年增率變動對照圖

台灣加權指數月線與台灣50（不含金融）成份股營收

資料整理：鉅豐財經資訊（tivo168）

4

能否以總體經濟預測多空循環變化？
投資人又該如何面對空頭循環？

　　要利用總體經濟的絕對數據來猜測或藉以判斷充滿人性心理變化的股票市場循環波動，恐怕會高估了總體經濟數據的功能，縱使可行而有效，但絕不會是普通投資人，或在學校教幾年經濟學的學者可以做到。

　　我喜歡將複雜的變素簡單化，因此，我從不試圖透過複雜的推導模型來猜測股市的可能循環與波動，這種人無法對千變萬化的市場產生敬畏及謙卑之心，因此，也很難成為市場長期贏家。

　　影響股票長期價格的因素在企業創造股東可分配盈餘的能力（或淨現金能力），而企業盈餘或利潤，則來自總銷售值減企業成本，可以簡單以下式表示：

總銷售值＝商品單價（P）×銷售數量（Q）
總成本＝原物料成本（M）＋人工成本（W）＋資金成本（R）

　　在總體經濟走入收縮循環過程，因消費市場變得疲弱，商品單價或銷售數量將持續下降，若總成本無法降低，企業就可能虧損甚至倒閉而退出市場，這導致股票市場一片悲觀，進而使總成本因市場廠商總需求下降而下跌，產生原物料價格下跌（如

原油、鐵礦砂、農產品等等商品）、工資停滯或下降（失業率提高）、資金成本下降（利率下降）等現象。直到總成本下跌趨勢進入盤底或回升，才是總體經濟景氣復甦的徵兆。這是一種簡單邏輯推理，不用複雜的數理模型。

首先，國際商品價格CRB（美國商品研究局商品期貨指數）已自2008年7月的高點473.97點，下跌至目前（9月中）的348點，已下跌近27%，但仍未出現止跌現象。其次，美國8月失業率上升至6.1%，創2003年9月以來新高、每週連續申領失業救濟金人數攀高至352.5萬，則創2003年11月以來新高、非農業就業人口則連續8個月減少。最後，美國聯邦資金利率雖維持在2.0%低點，但美國30年期房貸利率受信用緊縮影響，近期雖從6.3%下降至5.9%，但仍在相對高檔，美國10年期政府公債殖利率則從2007年6月的5.34%下跌到3.40%上下；歐洲央行利率及中國利率則於觸及高點後可望持續下降。

因此，投資人可以透過筆者部落格連結區找到上述所提指標之最新數據變化，用心觀察CRB指數、美國就業市場就業人口、10年期公債殖利率等走勢，當這些指標出現不再破底，或不再創新高，並出現趨勢轉折後，則可能就是另一波經濟景氣擴張循環將要重新展開的重要徵兆。

顯然地，除非股價已明顯低於自己願意且有能力承擔價格變動的風險區位，方能以長期價值投資思考應對，否則投資人仍應以高度耐心，等待上述徵兆的出現，迎接另一個多頭市場的再度來臨。

5

從獲利消長、現金流量及營收動能
分析空頭趨勢

　　台股今（2011）年自2月創下9220點後，至7月中旬為止，已連續4個月無法突破此一高點，從日線圖觀察，半年線（120日）以內主要平均線已全部轉為下滑，年線（240日）則因去年7月指數仍停留在7200點～7800點之間，離指數8500點仍有一段差距，約在8500點附近的年線可望在指數未跌破8000點之前，維持上揚的多頭趨勢格局，這讓不少看圖畫線的技術分析者倡言：「跌破年線將是長期最佳買點！」。

　　讀者看到上面的趨勢線分析，說不定以為筆者也要開始寫技術分析了，大家千萬不要誤會。上述大盤指數趨勢分析，僅是提醒讀者目前台股主要的趨勢防線大約只剩8500點附近的年線了，萬一指數跌落8000點以下，則包含年線在內的所有平均線在未來一季可能均將轉為空頭排列，台股空頭循環的轉折點恐怕就要追溯自2011年2月便已開始，則股價呈現空頭循環下跌趨勢者，恐怕仍有長空之路要走。

筆者以下列三個條件：(1)月線已跌季線。(2)季線已跌破半年線。(3)半年線已跌破年線。經篩選統計上市櫃公司股價趨勢線至7月15日為止，呈現空頭排列者已高達234家，其中不乏過去長期被一般投資人定位為所謂績優股的公司，同樣讓投資者在股市仍處於多空轉折未明之際便已慘賠。

筆者試圖縮小篩選股票標的範圍，以便進行細部財務分析。因此，加進統計當日往前倒推30個交易日，大盤指數從9000點以上拉回過程，但融資逆勢增加至少10%以上、且2011年第一季獲利衰退之公司，共計9家公司。如下表一：

表一　股價均線空頭排列、近30日融資增加且首季獲利衰退公司							
股票名稱	收盤(7/15)	融資餘額（張）	近30日（至7/13）融資增加幅度(%)	今年以來累計營收年成長率(YOY)(%)	第一季財報之稅後淨利年成長率(YOY)(%)	2010年EPS	2011年Q1 EPS
3481奇美電	17.60	173,051	13.67	13.59	−507.56	(2.29)	(1.89)
3027盛達	10.35	6,935	10.15	−18.51	−196.33	0.12	(0.17)
3474華亞科	8.07	139,424	10.33	−13.32	−159.03	(2.34)	(0.87)
4938和碩	34.00	21,528	88.96	−10.93	−131.47	2.73	(0.25)
2371大同	13.10	40,209	215.17	0.34	−57.34	(0.63)	(0.13)
8086宏捷	34.30	20,688	21.47	6.73	−23.86	1.22	0.13
2317鴻海	92.20	86,911	19.41	27.83	−19.95	8.01	1.49
2059川湖	130.50	3,065	18.25	−14.95	−15.81	7.66	1.99
3596智易	42.85	7,438	18.06	−4.97	−8.12	5.03	1.03

資料來源：Money DJ　　　　　資料整理：鉅豐財經資訊

　　由上表一可以清楚看到上列公司之中，在2011年首季出現稅後純益虧損的公司共有奇美電（3481）、盛達（3027）、華亞科（3474）、和碩（4938）、大同（2371）等5家公司。在公司營運產生虧損、股價趨勢走空過程中，代表散戶指標的融資餘額竟於首季財務報告書早已公告超過一個月後，卻仍持續增加，真是讓人匪夷所思，讓筆者想起很不願借用、但卻很貼切的一句話：「可憐之人必有可恨之處！」散戶投資人為何明知山有虎，卻向虎山行，不知是無知還是自己懶惰而推卸責任，但投資虧損恐怕會是血淋淋的教訓。股價當然不會因融資戶勇於買進而止跌，反而呈現各期股價平均線的全面走空，這類公司的股價未來仍將以凶多吉少居多。

　　或許有部份讀者會振振有詞說：「第一季財報要等到4月底才公告，我卻早在去年就買進長期持有了！如何能避開早就下跌的股價趨勢？」首先，就先不要檢討投資者為何在上市櫃公司首季財報於4月底公告後，不願面對自己手中持股公司營運獲利虧損的現實，竟持續與業績不良的公司談起「永生難以割捨的戀愛」。

　　讓我再進一步整理出上述公司的一些長期現金流量統計資料供讀者參考，您就會恍然大悟，超過一半以上的上述公司，恐怕早在去年買進時，就已鑄下長期的投資錯誤！

表二 股價均線空頭排列、融資增加及首季獲利衰退公司之長期現金流量統計表

股票名稱	收盤(7/15)	第一季財報之稅後淨利年成長率(YOY)(%)	2010年EPS	2011年Q1 EPS	營運活動現金佔稅後純益比率	自由現金流量佔稅後純益比率	2010年現金股利	現金配息率
3481 奇美電	17.60	−507.56	(2.29)	(1.89)	−1088.28%	1416.95%	0	0.00%
3027 盛達	10.35	−196.33	0.12	(0.17)	126.03%	86.99%	0.10157	84.64%
3474 華亞科	8.07	−159.03	(2.34)	(0.87)	−439.47%	550.32	0	0.00%
4938 和碩	34.00	−131.47	2.73	(0.25)	60.92%	13.38%	1.45	53.11%
2371 大同	13.10	−57.34	(0.63)	(0.13)	11.94%	63.85%	0	0.00%
8086 宏捷	34.30	−23.86	1.22	0.13	422.13%	−179.84%	0.4017	32.93%
2317 鴻海	92.20	−19.95	8.01	1.49	48.23%	−5.94%	1	12.48%
2059 川湖	130.50	−15.81	7.66	1.99	100.32%	54.96%	5.5	71.80%
3596 智易	42.85	−8.12	5.03	1.03	0.70%	−72.07%	1.09976	21.86%

註：「營運活動現金佔稅後純益比率」及「自由現金流量佔稅後純益比率」為2004～2011年已公佈之合計數據。大同、奇美電、華亞科之「自由現金流量」及「稅後純益」均為負數，故比率呈現正數。

資料來源：Money DJ理財網、XQ全球贏家　　　資料整理：鉅豐財經資訊

　　上表二為將上述股價均線呈現空頭排列公司的長期現金流量，加進表一的統計表中。從母公司長期來自營運活動現金流量佔稅後純益的比率觀察，上列公司超過60%以上者有盛達（3027）、和碩（4938）、宏捷（8086）、川湖（2059）等4家，但若再將營運活動現金流量扣除資本支出後的自由現金流量，除以稅後純益算出其比率，比率為正數者僅剩盛達、和碩、川湖等3家，若扣除比率僅13.8%的和碩，更只剩2家了。

投資者若能深入追蹤上述公司的長期現金流量，就不會在去年買進上表所列公司中的大部份公司，而縱使從現金流量統計表中，無法將盛達及川湖等兩家公司排除在2010年的投資名單之外，投資者透過筆者前面章節所提長、短期營收趨勢線的追蹤分析，亦可輕易避免在2010年買進股票而長期套牢。

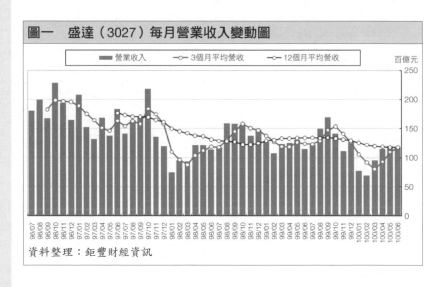

圖一　盛達（3027）每月營業收入變動圖

從圖一與圖二可知，該2家公司之長期現金流量表現雖不惡，但近3年之長期營收趨勢線（12個月平均營收）始終呈現下滑趨勢，至今均尚未改變。在長期營收成長動能仍無明顯改觀之前，對其股票投資價值是相當不利的。

圖二　川湖（2059）每月營業收入變動圖

資料整理：鉅豐財經資訊

綜合本文上述說明，投資人應明瞭公司股價趨勢之所以會形成空頭走勢，往往透過勤於追蹤企業獲利的成長或衰退，或是對長期現金流量的統計分析，可以避開大部份公司股價長期下跌之空頭市場殺戮。若再搭配收集每個月營收數字以分析長、短期營收趨勢追蹤，以判斷企業營收動能消長，筆者相信投資者就不會在股價下跌趨勢中，成為勇於融資買進股票的市場最大投資輸家。

6

台股利多不漲，是否代表資金行情進入尾聲？又該如何觀察？

　　憑心而論，股市資金行情是否結束了？筆者不敢隨意斷論，猜測指數短期漲跌更不是我的專長；但問我如何觀察市場資金可能變化，倒可以說說自己的觀察重點。觀察資金水位的高低，除從國內貨幣供給額存量變化、存款結構增減外，也可以從影響國內資金水位的源頭——台幣外匯市場，觀察匯率走勢變化，來預判國內資金水位可能增減。以下就以2008年5月20日以來，台股大盤指數與台幣匯率走勢圖做對照，以說明台幣匯率變化與股價指數的關係。

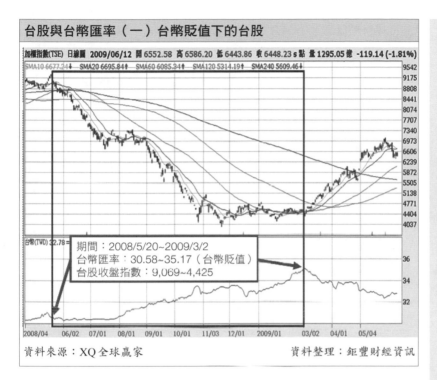

資料來源：XQ全球贏家　　　　　　　資料整理：鉅豐財經資訊

　　台幣外匯市場於2008年5月20日以後，因外資大賣台股並匯出資金而產生貶值壓力，更引發國內資金的外流，外匯市場形成賣台幣買美元風潮，2009年第一季，國際美元一度走強，導致台幣資金產生收縮現象，股市縱使已處低檔，亦只能以盤整型態呈現。

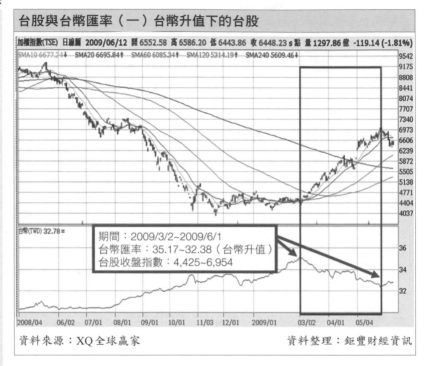

台股與台幣匯率（一）台幣升值下的台股

加權指數(TSE) 日線圖 2009/06/12 開 6552.58 高 6586.20 低 6443.86 收 6448.23 s 點 量 1297.86 億 -119.14 (-1.81%)

SMA10 6677.24↓ SMA20 6695.84↑ SMA60 6085.34↑ SMA120 5314.19↑ SMA240 5609.46↓

期間：2009/3/2~2009/6/1
台幣匯率：35.17~32.38（台幣升值）
台股收盤指數：4,425~6,954

台幣(TWD) 32.78 =

資料來源：XQ全球贏家　　　　　　　資料整理：鉅豐財經資訊

台幣貶值壓力→資金外流→外匯市場→央行買台幣賣美元→
台幣資金收縮→股市回檔及房價下跌

　　台幣外匯市場於2009年3月2日以後，因外部資金持續回
流，加上外資於第二季恢復對台股的買超動作，外匯市場形成賣
美元買台幣風潮，國際美元適時回貶，亦導致外匯市場台幣升值
壓力，央行顧及匯率穩定進入外匯市場買進美元，同時釋放等
額新台幣資金，導致台幣資金水位持續走高，股市在資金氾濫

並配合源源不絕的兩岸題材，台股於3個月內，震盪走高上漲近3,000點。

台幣升值壓力→資金內流→央行進場干預→央行買美元賣台幣對內釋金→股市及房市上漲

由前面對照圖，可以知道，當台幣匯率走勢形成升值或貶值趨勢時，台股也同時呈現上漲或下跌走勢，股價指數與台幣匯價呈現高度正相關之關聯性。國際美元長期雖被國際炒家普遍看貶，但美元不會一路不回地走貶，也就是說，縱使台幣匯率處在升值過程，但隨時可能因國際美元匯率波動，而產生階段性回貶行情，只要台幣處於回貶階段，或不存在升值壓力，則台股要急速上漲的資金動能，就可能暫時打住，甚至出現回檔修正波。因此，投資人除關心股市大盤價量變化外，可以細心從台幣匯率走勢是否出現新的趨勢，來預判國內資金水位升降，並做為研判股市多空走勢的參考。

7

台股的長期多頭趨勢該如何判斷？

　　首先必須說明，台股事實上已走了五年的多頭行情了，只是因為漲幅不夠大、或一般投資人沒有從中賺到錢，所以往往不知道過去一段期間，台灣股市其實是上漲的。

　　總統大選後，一般投資人對於新政府的未來施政多所期待，尤其是兩岸經貿關係的進一步推展，多所期待。這也造就媒體偏向營造多頭氣氛，一般投資人的投資買賣決策最易受周遭氣氛所影響，心中便充滿對未來的主觀期待，眾多投資人的集體性投資行為，便可能形成所謂市場主流題材，並對股價漲跌產生影響。然而，短期股價可以藉題材而乘勢上漲，長期股價漲跌則決定於總體經濟趨勢變化，及上市櫃公司的實際獲利能力。

　　現階段，台股是否有足夠條件進入明顯的長期上漲格局，可以從下面三大面向來觀察：

一、資金內流潮是否再起？

　　台股從元月份的低點7,384點，上漲到選後的高點9,049點，主因在台幣升值帶動的資金內流。央行在台幣逼近30元位置，才進場進行阻升操作，並同時在匯市釋放出台幣資金。在考量我

國出口產業的價格競爭力，尤其在韓國新政府刻意壓低韓圓匯價以圖刺激出口下，央行應不會放任台幣急升。若透過匯市產生資金內流，台幣升壓再起，央行將再度對應釋放出新台幣資金，則台股資金行情就將再起。因此，台幣升壓再度形成、央行阻升態度不變的環境成熟，是台股是否具大漲條件的第一個觀察點。

二、美國經濟景氣落底復甦訊號是否持續增加？

ISM指數回升至代表景氣擴張臨界點50以上水準（至2008年3月在50以下）、就業市場就業人口減少速度明顯縮小、失業率不再攀高、長年期公債殖利率回升趨勢正式形成、FED資金利率與短天期利率（1個月）利差縮小至0.5%以內。上述正向訊號越多就越代表美國市場最壞的情況已近尾聲，台股將因美國經濟走穩而免於外在環境干擾。

三、中國股市是否探底成功並重新回升？

中國股市從2008年10月下挫至今，下跌幅度接近五成，這已不是正常回檔可以完整解釋。中國國內在消費食品物價飆漲下，中低階層痛苦指數正快速上升，居民可支配所得已然受到侵蝕，若無法得到有效控制，將演變成為經濟景氣走過高峰後的自然收縮因子，若中國經濟也正式趨緩，則亞太地區經濟將在繼美國市場萎縮後，再面臨新變數。這種情況是否改觀將影響兩岸經貿的穩定性。

　　短期股價高低受市場參與者交易的情緒所左右，長期則決定於企業體獲利及創造現金的能力。上述所列三大面向若能朝良性方向發展，則台股就有機會多頭風雲再起！

8

未來台股是否能脫離美股破底牽制，
跟上陸股上漲趨勢？

　　首先，我個人認為陸股雖已出現短期底部型態，但是否已由空頭市場轉為多頭市場，目前看起來仍言之過早。至於台股是否能脫離美股牽制，及台股與陸股的關聯性，僅先以下面對照圖進行說明：

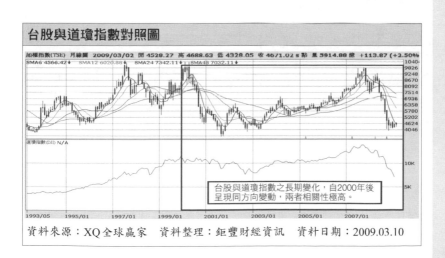

台股與道瓊指數之長期變化，自2000年後呈現同方向變動，兩者相關性極高。

資料來源：XQ全球贏家　資料整理：鉅豐財經資訊　資料日期：2009.03.10

台股與S&P 500指數對照圖

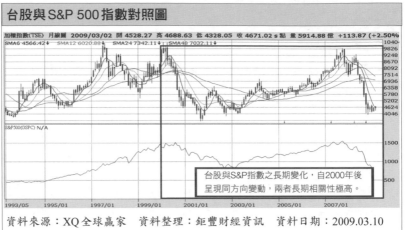

資料來源：XQ全球贏家　資料整理：鉅豐財經資訊　資料日期：2009.03.10

台股與納斯達克指數對照圖

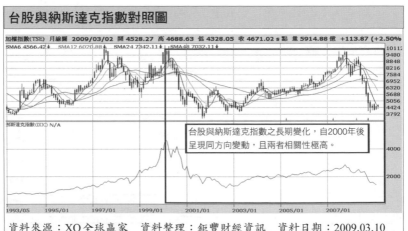

資料來源：XQ全球贏家　資料整理：鉅豐財經資訊　資料日期：2009.03.10

由上面台股與美股三大指數對照圖，可以很清楚看出來，台股自2000年後，與美股中的納斯達克指數不僅呈現長期同方向變動，且相關性最高，但基本上，台股與三大指數的長期變動則都是同方向且具高度相關。因台灣上市櫃公司以電子資訊電子類公司為最大族群，因此，台股與納斯達克的相關性最為密切，應可以理解。

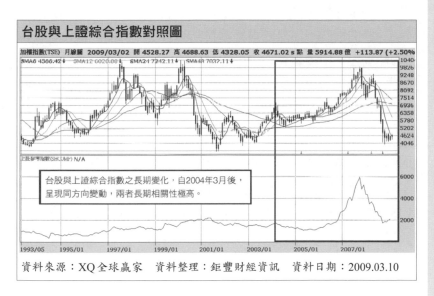

台股與上證綜合指數對照圖

加權指數(TSE) 月線圖 2009/03/02 開 4528.27 高 4688.63 低 4328.05 收 4671.02 s 點 量 5914.88 億 +113.87 (+2.50%)
SMA6 4366.42↓ SMA12 6020.00↑ SMA24 7242.11↑ SMA48 7032.11↓

上證綜合指數(SHCOMP) N/A

台股與上證綜合指數之長期變化，自2004年3月後，呈現同方向變動，兩者長期相關性極高。

1993/05 1995/01 1997/01 1999/01 2001/01 2003/01 2005/01 2007/01

資料來源：XQ全球贏家　資料整理：鉅豐財經資訊　資料日期：2009.03.10

由上面台股與上海綜合指數對照圖可以清楚看到，自2004年開始，台股與上海綜合指數變動方向及時間性，都呈現高度相關。因兩岸貿易，尤其我國對中國地區的出口總值屢屢高居首位之下，不難理解台股與陸股的關聯性未來仍將更加密切。

其次，再以我國2009年前2月對外出口結構分析，對中國直接出口值佔率為21.4%，若把香港計入，對中國地區的佔率高達35%，領先佔率14%、居第二位的美國。中國對台灣經濟的影響性不言可喻。但是，我國對中國出口商品中，又有極高的比率（超過一半以上）是中上游原物料、半成品及機具設備等資本財，其真正的最終消費市場及牽動力量，其實仍是歐、美等工業國家，其中又以美國市場的影響性最大。

美股的漲跌不僅是該國經濟情勢的指標，更會影響外資在台買賣超動作。根據金管會證期局統計，截至2009年2月為止，外資累計淨匯入金額仍高達1218億美元，約折合台幣4.2兆。由此可知，台股要完全擺脫美股的影響，就長期角度而言，可能性仍不大。中國經濟，尤其是其內需市場是否能力抗全球景氣衰退，持續維持榮景，將影響台股部份族群股價走向；然而，以中國僅佔全球GDP產值約7%的規模，其消費能力要在短期間扭轉台灣經濟以歐美市場為最終出口地的高度依賴性，恐怕仍有待商榷。

9

透過上市櫃營收變化判斷景氣變動

　　以下圖為例，由上市櫃公司6月營收觀察，代表台灣前50大權值股中的37家非金融產業權值股之總營收統計，單月營收已一舉突破代表長、短期營收動能之12個月及3個月平均營收趨勢線；3個月平均營收趨勢線已走升4個月，12個月平均營收趨勢線則接近由下滑轉為走平，長、短期趨勢線已相當接近。此顯示，台灣實質產業景氣極可能已十分接近復甦階段，於2009年6月所顯現的復甦活力，超乎市場預期，此對台股長期多方即是相當正面訊息。

　　若此趨勢不變，則台股正式宣告，進入另一個多頭循環之可能性將大增。在台股投資策略上，除仍應避免隨市場氣氛對個別投資標的，進行盲目追價外，出現較大幅度的指數拉回，都應逢低站在買方。

台灣50非金權值股之單月營收及3個月與12個月平均營收圖
（長短期平均營收）

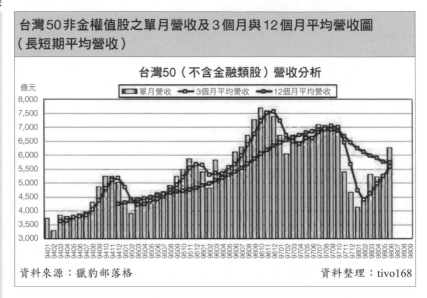

台灣50（不含金融類股）營收分析

資料來源：獵豹部落格　　　　　　　　　　　資料整理：tivo168

說明：

　　台灣50中之產業權值股，2009年6月單月營收已超越3個月及12個月平均營收趨勢線，創下2008年10月以來新高，從上市櫃公司營收觀察，產業景氣復甦態勢明顯。

台灣50非金權值股之單月營收及營收年增率

台灣50（不含金融類股）營收分析

資料來源：獵豹部落格　　　　　　　　　　資料整理：tivo168

說明：

　　從各月營收年增率趨勢線發現，上市櫃公司營收年增率衰退幅度，已明顯向零軸收斂。此態勢若不變，2009年下半年，極可能轉為正成長。

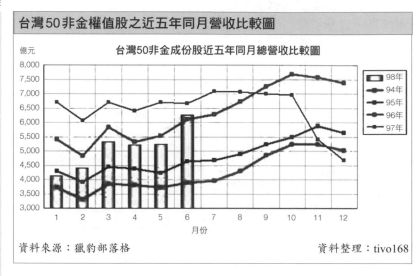

台灣50非金權值股之近五年同月營收比較圖

資料來源：獵豹部落格　　　　　　　　資料整理：tivo168

說明：

2009年6月單月營收已超過2007年同期營收，逼近97年經濟景氣未衰退前的水準。

「春江水暖鴨先知」，由台灣50中非金融業營收追蹤，可以發現，台灣產業景氣循環，雖仍未完全走出相對低檔區，但極可能已進入復甦期。此對長期股市多方是相當正面的。

由台股長期價量趨勢預測市場行情

　　坊間有關利用短期股市價量關係預測行情的書籍垂手可得，但泰半集中於短期行情預測居多。按實證研究觀察，技術分析的有效性屢屢遭到學術研究單位的挑戰，遂演變成「信者恆信，不信者惘然」的無解爭論。

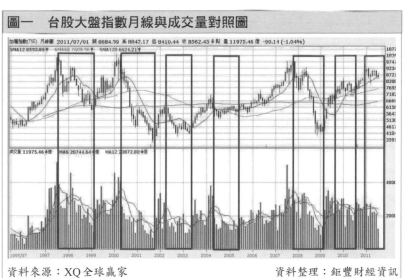

圖一　台股大盤指數月線與成交量對照圖

資料來源：XQ全球贏家　　　　　　　　資料整理：鉅豐財經資訊

229

　　預測短期股價波動不是筆者的專長，看圖畫線等技術分析學派也非吾人信仰，因此，無法提供目前完整的股市價量關係輪廓。雖說如此，但吾人卻可以從長期的歷史資料中，試圖尋找出一些軌跡，或可解出長期可能趨勢方向，縱使無法準確預測股價指數短期波動，但應可在心中產生定見，避免在趨勢未明之前，犯下無可挽回的錯誤投資決策。

　　由上圖，台股自1995年～2010年之15年，共出現6次6個月平均成交量趨勢線自高峰反轉下滑，中期成交量能退潮，最終導致代表長期量能的12個月平均成交量趨勢線亦轉為下滑。在這6次當中，除2004年上半年空頭期間僅6個月（最大拉回幅度亦達26.7%），2009年9月至2010年7月，經盤整後再度上漲外，其餘4次，台股均呈現大幅下跌的長期空頭走勢。可見，當6個月平均成交量由上升轉為下降，並跌破12個月平均成交量，最後使12個月平均成交量亦跟著下滑，台股幾乎都凶多吉少。

　　台股6個月平均成交量趨勢線之近期波段高峰在2011年1月的2.7兆，此後隨即震盪走低，5、6兩月均位於12個月平均成交量之下，至6月下降至僅剩2.32兆；12個月平均成交量趨勢線之波段高峰在2010年3月就已出現，平均成交量為2.69兆，2011年上半年則僅維持2.38兆至2.48兆的狹幅盤整，股市長期成交量能已明顯出現停滯現象。從6個月及12個月平均成交量趨勢線觀察，台股形成自1995年以來第7次的中、長期平均成交量空頭排列的風險已越來越高，這是投資者不可輕忽的長期價量變化趨勢。

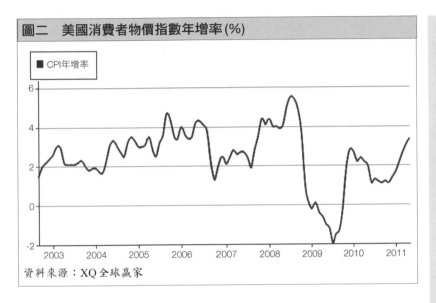

圖二　美國消費者物價指數年增率(%)

■ CPI年增率

資料來源：XQ全球贏家

圖三　美國核心消費者物價指數年增率(%)

■ 核心CPI年增率

資料來源：XQ全球贏家

美國聯準會（FED）的二次量化寬鬆貨幣政策（QE2）已於6月底結束，國際股市雖不乏市場觀察家預期美國聯準會隨時可能再度祭出QE3，對市場挹注資金。但近半年，無論一般消費者物價指數（CPI）年增率，或是核心消費者物價指數（Core CPI）年增率，均呈現逐月走高之下，聯準會的貨幣寬鬆政策所面臨的壓力將較前兩年大增，對市場釋金動作將變得瞻前顧後，全球資金氾濫狂潮可能自此改觀。

11

從定存、活存的消長觀察股價指數的變動轉折

　　一般而言，定期存款與活期性存款之間存在彼此替換關係，也就是當定期性存款增加成為趨勢時，除非有國外資金大量流入國內，否則，極可能是活期性存款減少的另一面。

　　定期及活期性存款與股價指數之關聯性，透過其與股價指數對照圖便可一覽無遺：

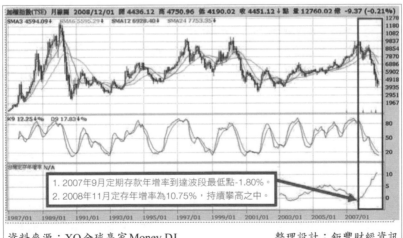

資料來源：XQ全球贏家Money DJ　　　　　　整理設計：鉅豐財經資訊

1. 2007年9月定期存款年增率到達波段最低點-1.80%。
2. 2008年11月定存年增率為10.75%，持續攀高之中。

233

　　定期存款年增率最低點2007年9月為−1.80%，台股當月最高點為9,482點，離2007年10月台股年度最高點9,859點僅1個月時間。一旦定期存款年增率從最低點反轉趨勢正式成形，台股指數最高點在不久隨即出現，由此可見，定期性資金何時再度重新從定期存款轉為活期存款將是決定台股後勢的重要觀察指標。

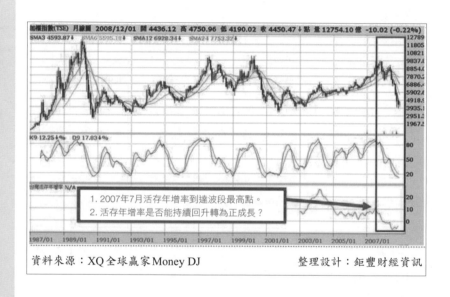

資料來源：XQ全球贏家Money DJ　　　　　　　整理設計：鉅豐財經資訊

　　活期存款年增率最高點2007年7月為11.26%，當月指數最高點為9,807點，為當年度台股第一次攀上9,800點高峰。一旦活期存款年增率從最高點反轉趨勢正式成形，台股指數最高點在不久也會隨即出現，由此可見，活期性「資金活水」何時再起決定台股何時可正式由空轉多。目前活期存款年增率是否將持續挫低無人可知，緊密追蹤活期存款資金流向同樣也是重要課題。

由此可見，當活期性存款或定期性存款年增率同時形成正式的轉折趨勢時，極可能也是股價指數將要反轉的重要徵兆。

12

大盤指數與持股比例的相互關係

　　台灣股市過去與美國股市有高度連動關係，近年則亦受中國及韓國等亞太股市影響；只要國際股市維持平穩，台股要突破萬點應不困難。但除非您的投資是以大盤指數來決定損益，如期貨或選擇權等，否則，猜測大盤指數會漲到那裡，並無太大意義。

　　憑心而論，我很少去猜測大盤指數會漲或會跌到那裡，也不可能猜得準；與其花太多時間，去猜測或探詢別人對大盤的多空看法，倒不如花多一點時間去檢視手上投資標的基本面的優劣情況，來得較實在一點。

　　目前投資台股比例要維持多少？這是很多人問我的共同問題。很可惜，我卻無法給大家一個標準答案，因為每個人對自己手上的持股標的並不相同，持股比例的高低，應決定於每個人自己對投資標的物的了解程度，而不是每個人都相同。但如果純就大盤指數而言，就有一個簡單投資思考邏輯，其關係如下：

　　大盤指數越高→投資風險溢酬越低（風險貼水）→股票投資風險越高→應逐漸降低持股比例。

大盤指數越低→投資風險溢酬越高（風險貼水）→股票投資風險越低→應逐漸提高持股比例。

但若是純就個股而言，其投資思考邏輯關係如下：

對個別股票的基本面越了解且偏正向→做多投資風險越低→應提高持股比例，且不必太在意大盤漲跌。

對個別股票的基本面越了解但偏負向→做多投資風險越高→應降低持股比例，且無論大盤漲跌均應減碼。

以我個人而言，大盤指數超過9000點以後，真正價格便宜的股票並不是沒有，只是不容易找；因此，我會降低持股至五成以下，且隨指數及股票價格上漲而遞減。這並不是一個標準答案，只是一個簡單但卻很重要的投資思考邏輯問題。

13

近年全球是否面臨通貨緊縮？主要債券市場是否面臨泡沫？高收益債券是否安全？

全球經濟目前是否有通貨緊縮風險，僅以下圖做為說明：

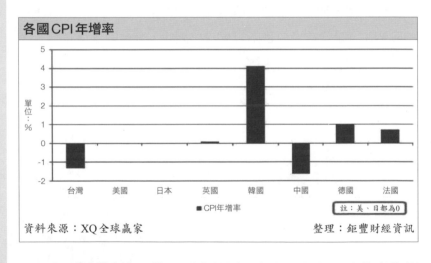

各國CPI年增率

單位：％

台灣　美國　日本　英國　韓國　中國　德國　法國

■ CPI年增率　　　　　　　　　　　　　　　　　　　　　註：美、日都為0

資料來源：XQ全球贏家　　　　　　　　　　　　　　　　整理：鉅豐財經資訊

　　上列國家之中，除了匯率於近一年急貶的韓國消費者物價指數年增率達4.1%外，其餘國家的消費者物價指數年增率均不到1%，其中前兩大經濟體：美國及日本，2009年1月消費者物

價指數年增率均為零,而台灣2月份的消費者物價指數年增率則為-1.31%。由此可見,全球物價情勢確實處於向下收縮階段,這對加速經濟景氣結束衰退期,進入復甦期是不利的情勢。因通貨緊縮一旦成型,將使消費者消費意願下降,企業盈餘進一步遭到壓縮,不利企業股價表現。

其次,目前主要工業國家的債券投資是否有立即泡沫化危機?縱使有知名的「國際級投資大師」提出警語,但筆者認為至少半年內全球主要工業國家債券市場並不存在泡沫化問題。

何以如此呢?因政府公債投資主要考慮下列三大要素:一是通貨膨脹率高低,二是總體經濟景氣展望的強弱,最後則為公債籌碼的供需力量消長。拿美國政府公債市場而言,依國際經濟情勢現況,除了最後一個因素外,前面兩個因素均有利政府債券市場多頭。而美國國債供需力量是否失衡又取決於亞洲高外匯存底國家是否減持美國國債部位的政策走向,依實際狀況,嚴重供需失衡情況也從未真正發生過。

美國10年期政府債券殖利率目前為3.0%,2008年12月最低為2.04%。事實上,美國政府債券價格已於第一季出現不小回檔幅度,以目前價位,就短中期(半年內)投資者而言,反而已相對安全;若拉長時間,其長期投資風險則處於相對高檔區,則也是一個事實,但應不致如「國際級投資大師」所言,有短期泡沫化危險。

最後，所謂高收益債有兩大類：債信等級較低的公司債券或國家債信等級較差國家所發行的公債。在大部份情況下，以高收益公司債為最多。決定高收益債殖利率（債券價格與利率呈反向關係）高低的因素與主要工業國家政府債券不同，其主要取決於公司債發行公司違約率的高低，而違約率的高低又取決於經濟景氣是否已好轉。由此可知，若就定期定額分散投資觀點而論，或許可以進行緩慢扣款佈局，但若以單筆投入的時機選擇，目前應仍非高收益債投資的好時機，最好等經濟景氣確實好轉時再擇機入市。

後記

據經濟日報於2011年3月11日報導，美國債券天王，太平洋投資管理公司（Pimco）共同創辦人兼投資長葛洛斯（Bill Gross）2月底出清所有美國政府債券的相關部位，並大幅提高現金持有比重，並認為美國10年期公債合理殖利率應在5%左右。

經濟日報報導重點摘錄如下：「此舉再度凸顯葛洛斯看空美國公債的態度，他最近曾多次對美國政府的財政赤字表示擔憂，並宣稱美國公債30年的多頭行情已經走到盡頭。葛洛斯3月初在Pimco網站發表投資展望月報時指出，聯邦準備理事會（Fed）的第二輪量化寬鬆政策正接近尾聲，公債殖利率可能太低，不足以支撐市場對美國公債的需求。他表示，如果公債殖利率升抵有吸引力的水準，Pimco可能會買進公債。」（2011年3月11日）

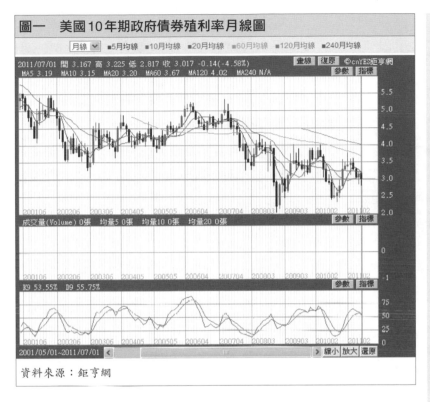

圖一　美國10年期政府債券殖利率月線圖

資料來源：鉅亨網

　　美國公債殖利率是否會升高至5%，只有兩種情況發生才會出現：第一，美國經濟景氣進入快速復甦期，經濟成長率升高至5%以上。第二，美國國內通貨膨脹壓力大增，除了來自總需求轉強力量外，總供給尤其是原物料的大量減少，導致全球通貨膨漲率大幅走高，可能也是另一個原因。

目前看起來，這兩種情況發生的可能性均不高。美國經濟於2011年第二季再度轉弱，6月消費者物價指數雖上升至3.6%，但扣除能源及食品類的核心消費者物價指數年增率仍僅1.6%，仍低於美國聯準會目標區2.0%。美國聯準會快速轉向實施貨幣緊縮政策的可能性仍相對偏低，美國10年期公債殖利率目前雖處長期相對低檔區（債券價格相對高檔區），長期投資風險確實偏高，但要看到5%以上的公債殖利率，至少在未來兩年內的機會並不高。

結語

　　閱讀完本書三篇內容後，相信讀者會發現本書每篇文章內容，無論是論述正確投資基本觀念的第一篇，或是著重投資標的實務分析及標的物篩選的第二篇，甚至是以宏觀視野闡述如何研判市場環境大趨勢方向的第三篇，最終都以如何形成投資決策為最終目的。

　　每篇文章的完成時間或許分別在不同時間點，讓讀者感覺前後的連貫及流暢度未臻理想。但筆者必須強調，本書的最主要精髓在於正確投資思考及方法的建立與應用；透過在不同時間點，不同的經濟金融環境時空中，倒敘回顧筆者當時是如何透過解析市場眾多因子，運用前後連貫的嚴謹邏輯思考過程，最後形成投資決策的實務應用。分享投資分析方法、思考過程，並啟發讀者面對未來的多變環境中，可以自己解開心中疑惑找到答案，是本書的主要目的。

　　本書將內容重點著重於市場實務應用與思考，篇幅所見幾乎均直接切入投資標的分析及如何形成理性投資決策的核心思考課題。因此，並未對基本財務會計分析及總體經濟等基本理論與學理多做說明，讀者若欲強化或溫習相關範疇，建議搭配拙作《獵豹財務長投資魔法書》（聚財出版）、薛兆亨教授著作《財務報表分析：實務的運用》（雙葉出版）、吳啟銘教授著作《企業評

價》（智勝出版）、拙著《獵豹財務長投資羅盤》等四本書，相信對閱讀本書會有更大的助益。

在如何建立投資信仰與哲學觀方面，讀者若在閱讀本書後仍意猶未盡，建議搭配拙著《獵豹財務長投資心法豹語錄》（聚財出版）、查理‧蒙格（Charles Thomas Munger）著作《窮查理的普通常識》（商業周刊）兩本書，同時進行閱讀，必可對本書相關涉及投資哲學與信仰的內容更加心領神會。

全球經濟歷經2008年百年難得一見的金融大海嘯後，2009年至2011年第一季為止，在全球主要股市維持多頭趨勢中，鮮少有人會懷疑總體經濟景氣循環是否仍持續穩步走在向上復甦擴張的軌道上？或是已遇上更大的亂流？

時序進入2011年第二季後，全球總體經濟環境再度變成詭譎而難辨。

以中國、印度、巴西為首的新興工業國家，在經濟快速復甦的同時，卻伴隨驚人的通貨膨脹率，讓各國央行持續性的調高利率、實施緊縮性的貨幣政策，企業及個人融資舉債成本頓時快速上升，經濟景氣復甦明顯轉緩，但通膨數據能否降溫卻仍是未定之天。中國人民銀行調升存款準備率屢創新高，已接近瓶頸頂峰，為穩定物價情勢，人民幣匯率長期升勢是否加快，此將攸關全球物價情勢及群聚中國投資設廠的台資企業營運榮枯。

歐、美國家在2011年再度面臨國家主權債務危機，並成為金融市場新的不定時炸彈，緊扣住全球金融市場投資人神經。原油及商品價格仍居高不下，加重企業生產成本負擔，壓縮企業營

業利潤，更可能成為總體經濟的緊縮因子。

美國就業市場於2011年並未隨前兩年股市上漲而有太大改善，失業率依舊高掛在9%以上的高檔，導致美國房市仍舊疲弱不振，消費市場成長動能停滯不前。

2012年是台灣的選舉年，總統大選日期提前至年初舉行，更讓執政者對經濟展望沒有悲觀的權利，市場亦預期當政者必傾所有資源全力做多金融市場，尤其是升斗小民最關心的股市。各研究機構對經濟成長率的預測值連翻上修，財經單位亦口徑一致，齊力喊多。然而，從國內外的一些總體經濟數據，甚至從上市櫃公司的營收及獲利數字消長，吾等卻發現不是全然讓人寬心的面貌；讀者經細心閱讀本書後，就會找到自己心中的答案。

投資者務必謹記在心，你不會因為錯失一次短線行情而有任何損失，卻有可能因為一次誤判、躁進投資，而使你全盤盡輸。在投資市場，決定長期贏家或輸家的關鍵因素，在於勝率與賠率的長期累積競逐，而非單一次的豪賭；我們不必為選票而出賣靈魂，也不用為掌聲而賭上性命，請耐心並隨時準備，對市場有較高把握時再出手！

國家圖書館出版品預行編目資料

散戶啟示錄：財務長的全方位投資分析術／
郭恭克作. -- 初版. -- 臺北市：商周出版：
城邦文化發行, 2011.08
面；　公分
ISBN 978-986-120-944-9（平裝）

1. 股票投資　2. 投資分析

563.53　　　　　　　　　　　100013310

新商業周刊叢書　　　　BW0430

散戶啟示錄：財務長的全方位投資分析術

作　　　者／郭恭克
責任編輯／簡伯儒
版　　　權／黃淑敏　　　　　　　　行銷業務／莊英傑、蘇魯屏、周佑潔、何學文、林詩富
總 編 輯／陳美靜　　　　　　　　總 經 理／彭之琬

發 行 人／何飛鵬
法律顧問／元禾法律事務所 王子文律師
出　　　版／商周出版
　　　　　　臺北市中山區民生東路二段141號9樓
　　　　　　電話：(02) 2500-7008　　傳真：(02) 2500-7759
　　　　　　商周部落格：http://bwp25007008.pixnet.net/blog
　　　　　　E-mail：bwp.service@cite.com.tw
發　　　行／英屬蓋曼群島商家庭傳媒股份有限公司　城邦分公司
　　　　　　臺北市中山區民生東路二段141號2樓
　　　　　　讀者服務專線：0800-020-299　　24小時傳真服務：02-2517-0999
　　　　　　讀者服務信箱E-mail：cs@cite.com.tw
　　　　　　畫撥帳號：19833503　　　戶名：英屬蓋曼群島商家庭傳媒股份有限公司城邦分公司
訂購服務／書虫股份有限公司客服專線：(02) 2500-7718；2500-7719
　　　　　　服務時間：週一至週五上午09:30-12:00；下午13:30-17:00
　　　　　　24小時傳真專線：(02) 2500-1990；2500-1991
　　　　　　畫撥帳號：19863813　　　戶名：書虫股份有限公司
　　　　　　E-mail：service@readingclub.com.tw
香港發行所／城邦（香港）出版集團有限公司
　　　　　　香港灣仔駱克道193號東超商業中心1樓
　　　　　　電話：852-2508 6231　　傳真：852-2578 9337
　　　　　　E-mail：hkcite@biznetvigator.com
馬新發行所／城邦（馬新）出版集團
　　　　　　Cité (M) Sdn. Bhd. (45837ZU)
　　　　　　41, Jalan Radin Anum, Bandar Baru Sri Petaling, 57000 Kuala Lumpur, Malaysia.
　　　　　　Tel: (603) 90578822　Fax: (603) 90576622　Email: cite@cite.com.my

封面、內頁設計／黃聖文
印　　　刷／韋懋實業股份有限公司
總 經 銷／聯合發行股份有限公司　　　電話：(02) 29178022　　　傳真：(02) 29156275
行政院新聞局北市業字第913號

■ 2011年8月9日初版1刷　　　　　　　　　　　　　　　　Printed in Taiwan
■ 2021年12月28日初版14.6刷

定價280元　　　　　　版權所有・翻印必究

ISBN　978-986-120-944-9

城邦讀書花園
www.cite.com.tw

商周出版

廣 告 回 函
北區郵政管理登記證
台北廣字第000791號
郵資已付，免貼郵票

104 台北市民生東路二段 141 號 2 樓

英屬蓋曼群島商家庭傳媒股份有限公司
城邦分公司　收

- -

請沿虛線對摺，謝謝！

商周出版

書號：BW0430　　　書名：散戶啟示錄　　　編碼：

 商周出版

讀者回函卡

謝謝您購買我們出版的書籍！請費心填寫此回函卡，我們將不定期寄上城邦集團最新的出版訊息。

姓名：＿＿＿＿＿＿＿＿＿＿＿＿＿＿＿＿＿＿　性別：□男　□女

生日：西元＿＿＿＿＿＿＿年＿＿＿＿＿＿月＿＿＿＿＿＿日

地址：＿＿＿＿＿＿＿＿＿＿＿＿＿＿＿＿＿＿＿＿＿＿＿＿＿＿

聯絡電話：＿＿＿＿＿＿＿＿＿＿＿＿　傳真：＿＿＿＿＿＿＿＿＿＿

E-mail：＿＿＿＿＿＿＿＿＿＿＿＿＿＿＿＿＿＿＿＿＿＿＿＿

學歷：□1.小學 □2.國中 □3.高中 □4.大專 □5.研究所以上

職業：□1.學生 □2.軍公教 □3.服務 □4.金融 □5.製造 □6.資訊

　　　□7.傳播 □8.自由業 □9.農漁牧 □10.家管 □11.退休

　　　□12.其他＿＿＿＿＿＿＿＿＿＿＿＿＿＿＿＿＿＿＿＿

您從何種方式得知本書消息？

　　　□1.書店 □2.網路 □3.報紙 □4.雜誌 □5.廣播 □6.電視

　　　□7.親友推薦 □8.其他＿＿＿＿＿＿＿＿＿＿＿＿＿＿＿＿

您通常以何種方式購書？

　　　□1.書店 □2.網路 □3.傳真訂購 □4.郵局畫撥 □5.其他＿＿＿＿

您喜歡閱讀哪些類別的書籍？

　　　□1.財經商業 □2.自然科學 □3.歷史 □4.法律 □5.文學

　　　□6.休閒旅遊 □7.小說 □8.人物傳記 □9.生活、勵志 □10.其他

對我們的建議：＿＿＿＿＿＿＿＿＿＿＿＿＿＿＿＿＿＿＿＿＿

＿＿＿＿＿＿＿＿＿＿＿＿＿＿＿＿＿＿＿＿＿＿＿＿＿＿＿＿＿

＿＿＿＿＿＿＿＿＿＿＿＿＿＿＿＿＿＿＿＿＿＿＿＿＿＿＿＿＿

＿＿＿＿＿＿＿＿＿＿＿＿＿＿＿＿＿＿＿＿＿＿＿＿＿＿＿＿＿

＿＿＿＿＿＿＿＿＿＿＿＿＿＿＿＿＿＿＿＿＿＿＿＿＿＿＿＿＿